C'est l'enfer à table !

Quand les repas de l'enfant sont difficiles

Groupe Eyrolles
61, bd Saint-Germain
75240 Paris Cedex 05

www.editions-eyrolles.com

Conception (intérieur et première de couverture) : Caleïdo Éditions
Mise en pages : PCA

ISBN : 978-2-212-54947-8

Laurence Haurat

Anne Krispil

C'est l'enfer à table !

Quand les repas de l'enfant sont difficiles

Pour Eléonore,

Pour le travail, pour la maison, pour calmer le jeu avec les enfants, pour jouer à table ... pour dévérouiller les petits et grands problèmes !

Amicalement,

Laurence Haurat

29.3.2012

EYROLLES

PsychoEnfants
leur donner le meilleur

Dans la même collection :

George Gisèle, *J'en ai marre de crier !*

Pleux Didier, *Petits caprices et grosses colères*

Laurence Haurat

Psychologue et nutritionniste, Laurence Haurat reçoit dans son cabinet adultes et enfants. Sa double approche lui permet de proposer à ses patients une alternative aux régimes draconiens et une prise en charge durable de leur poids et de leurs troubles alimentaires. Elle apporte aussi ses compétences et son éclairage original sur l'alimentation lors de conférences et formations en entreprise ou en école de cuisine, notamment à l'École Ritz Escoffier.

Anne Krispil

Journaliste, spécialisée en psychologie de l'enfant et de l'adolescent, Anne Krispil travaille régulièrement pour le magazine *PsychoEnfants*.

Table des matières

Chapitre 4
Mon enfant n'est pas autonome pour manger

Chapitre 5
Je n'arrive pas à lui faire manger des fruits et des légumes

Chapitre 6
Mon enfant refuse de manger, je culpabilise

Chapitre 10
Le matin, je veux qu'il prenne un petit-déjeuner

Chapitre 11
Je ne sais pas comment l'empêcher de grignoter

Chapitre 12
Mon enfant me fait tourner en bourrique : ses goûts changent !

Chapitre 13
Je surveille son alimentation et son poids

Chapitre 14
À table, je contrôle tout !

Chapitre 15
Mon enfant ne veut plus boire d'eau

Introduction

Aux collations saines, comprenant des aliments riches en vitamines, fruits et légumes, produits laitiers, viandes maigres, poissons, œufs, nos enfants préfèrent naturellement, pâtes, riz, frites, desserts et sucreries. Et il n'est pas rare que ces préférences occasionnent quelques « sueurs froides » côté parents… Sueurs froides qui auront parfois vite fait de se transformer en angoisse et de métamorphoser le moment des repas en véritable enfer.

Si la question de la nourriture inquiète tant, c'est sans doute parce qu'elle cache, en toile de fond, des projections plus ou moins conscientes, des fragilités éducatives qui resurgissent à cet instant… mais aussi des incertitudes sur vos capacités de parent à répondre au besoin le plus primaire, le plus absolu, le plus naturel de votre enfant : manger. Que les repas soient sujets à de simples tensions, bouderies, colères, ou qu'ils occasionnent des refus systématiques de la part de votre enfant, synonymes de bras de fer, ils replacent souvent la culpabilité parentale au centre… de la table. Pourquoi refuse-t-il son biberon de lait ? Pourquoi n'a-t-il pas faim le matin ? Suis-je une bonne mère ? Suis-je un père respectable ? Pourquoi je n'y arrive pas ? Pourquoi je ne suis jamais à la hauteur ? Mon enfant peut-il se laisser mourir de faim ? En refusant de manger, n'est-ce pas mon amour et mon attention qu'il rejette ?

Selon une étude de l'Insee parue en mai 2008 et intitulée « Vous et la nourriture », les parents d'aujourd'hui seraient plus nombreux à être confrontés à des soucis d'ordre alimentaire avec leur enfant. Pourquoi ? Sans doute parce que notre société a évolué. Plus centrée sur nos enfants, elle est aussi plus à l'écoute de leur santé, de leur développement, de leurs besoins nutritionnels. Elle nous sensibilise donc davantage aux risques de la malnutrition en attirant notre attention sur l'importance de ces instants fondateurs que sont les moments à table. Revers de la médaille : notre société est également aujourd'hui plus anxiogène et nous pousse donc probablement plus à nous inquiéter. À travers des témoignages de mamans, nous verrons quelles sont les principales inquiétudes : du biberon que bébé n'acceptera pas en passant par le cap de la diversification alimentaire, de l'acquisition de l'autonomie à table en passant par les soucis de surpoids… Chacune de ces problématiques sera suivie d'outils pratiques qui vous permettront de tenir un programme, visant à rétablir la situation. Objectif : comprendre comment le repas, plus qu'un enfer, peut devenir un jeu… Un jeu dont il suffit de saisir les règles pour pouvoir l'apprécier pleinement.

Quand bébé n'accepte que le sein

Chapitre 1

« Depuis la naissance de Lola, mon premier enfant, j'allaite ma fille au sein. Mais voilà, Lola a maintenant 3 mois et je reprends le travail dans quelques semaines. Je ne pourrai plus assurer les tétées et je souhaite initier mon bébé au biberon. Quelques jours auparavant, j'ai fait une tentative, mais celle-ci s'est avérée un échec, ma fille ayant refusé de mettre la tétine dans sa bouche. Je m'inquiète, je souhaite avant tout que le sevrage s'effectue en douceur pour ne pas brusquer mon bébé. »

Sylvie est une maman qui joue pour la première fois son rôle de mère. Face à son inexpérience, arrêter d'allaiter son enfant au sein pour passer à une alimentation lactée au biberon, l'angoisse. C'est une maman partagée entre le désir de regagner plus d'autonomie et la peur de se séparer de sa fille. Pour que le sevrage se fasse dans de bonnes conditions, il est tout aussi important de préparer le bébé que la jeune maman.

Aussi, tentons de comprendre ce qui se joue entre la mère et son enfant pendant l'allaitement au sein et pourquoi certaines mamans éprouvent des difficultés à passer le cap du biberon, entre envie et culpabilité. Nous donnerons ainsi les clés d'un sevrage réussi.

■ Mère et enfant en état de fusion

La relation mère-enfant à travers l'alimentation est avant tout une question de subsistance pour l'enfant. On est dans l'ordre du vital. Ce lien se met en place dès la vie intra-utérine, puisque la mère nourrit son bébé à travers le cordon ombilical pendant la grossesse. Après l'accouchement, ce lien perdure grâce au sein maternel et au liquide qui s'en écoule. À ce stade, mère et enfant fusionnent, le sein étant vu par l'enfant comme la continuité entre sa mère et lui. Il faut du temps à l'enfant pour comprendre qu'il n'est pas sa mère. Dans la construction de bébé, le fait d'être dans ce corps à corps avec sa mère est primordial. Pour autant, la mise au biberon ne veut pas dire mettre forcément fin au contact, car quel que soit le mode alimentaire choisi, ce qui prime, c'est de prendre l'enfant dans ses bras, de le cajoler, le nourrir en lui apportant ce dont il a besoin quand il en a besoin.

Une maman doit aussi savoir qu'un bébé qui a faim est dans une urgence. Lorsque nous, adultes, avons faim, nous savons que nous allons bientôt manger, nous pouvons choisir notre menu… Alors que pour un tout-petit, le besoin de nourriture n'est pas soumis au désir ou au plaisir, mais est vécu comme une tension. La seule réponse capable de l'apaiser est de lui apporter à manger immédiatement. La permanence de la mère, c'est-à-dire le fait qu'elle réponde toujours présent pour le nourrir et l'amener vers un état de soulagement, va lui permettre de se construire. Un nourrisson de trois semaines ressent et manifeste un état de tension. Il faut attendre que bébé possède une maturité cérébrale suffisante pour qu'il sache que ce dont il a besoin peut ne pas être là. Cette maturité n'arrive que vers 6 mois.

■ Mère nourricière : mère omnipotente ?

Le lien nourricier est le premier lien qui s'établit entre la mère et l'enfant. Lors de l'allaitement, le petit être identifie progressivement sa mère comme l'élément unique dont dépend sa survie, tandis que la mère, elle, se découvre indispensable. Elle est la seule capable d'assurer la subsistance de son enfant, en est l'unique responsable. S'installe alors une relation exclusive. Cette exclusivité renforce la maman dans son lien nourricier. La présence de la mère va non seulement aider bébé à construire son identité de mangeur, mais aussi lui permettre de se libérer de ses inquiétudes, d'intégrer d'autres paramètres en ayant l'assurance que sa mère est bien là pour répondre à chacun de ses besoins.

Puis, à mesure que l'enfant grandit, la mère fait évoluer le jeu alimentaire. Elle passe de : « Je réponds immédiatement à ta demande » à « Je te fais patienter », car le bébé va vers plus d'autonomisation. Il devient capable d'attendre un peu que la nourriture vienne à lui. Vers 6 mois, les tétées s'espacent et bébé est moins souvent demandeur, tandis que sa maman s'avère moins disponible et lui propose moins de lait au sein. Le sevrage peut donc se faire de manière naturelle et partagée.

Cependant, le problème se pose lorsque la maman a du mal à investir son rôle de mère autrement que par le lien nourricier. Une maman qui répondrait aux cris et aux pleurs de son bébé uniquement par l'alimentation traduit une peur de ne pas savoir investir les autres champs de sa maternité. Elle inculque également à son enfant que seule une réponse alimentaire est capable de calmer ses tensions. Bébé doit apprendre petit à petit à trouver d'autres objets transitionnels que le sein – comme la tétine ou un doudou – s'il recherche du réconfort. C'est aussi valable pour le biberon, mais c'est exacerbé avec l'allaitement au sein qui entretient un rapport charnel, sensuel et exclusif entre la mère et son enfant.

Le stade oral selon Freud

Le stade oral commence très tôt. Grâce à l'échographie, on constate que le fœtus dans le ventre de sa mère est déjà en train de téter. Le stade oral (de la naissance à 2 ans) est décrit par Sigmund Freud comme le besoin organique de téter puis de se nourrir. Le bébé va très rapidement découvrir que manger est pour lui un plaisir. Puis, il va conserver ce plaisir et ce besoin de succion tout en se détachant de la nécessité de se nourrir. Lors de ce stade, il se crée une dépendance vis-à-vis de la mère. Puis, l'enfant va s'arranger pour satisfaire ce besoin de succion en dehors de l'objet qui le lui permet, sa mère. Pour cela, il va utiliser une tétine ou bien son pouce et explorer le monde avec sa bouche. Enfin, il va comprendre que par l'oralité, l'alimentation, il a du pouvoir sur sa mère.

■ Prolonger le lien autrement

Toutes les mères n'éprouvent pas ce lien nourricier au même degré. C'est pour cela que, de manière assumée, certaines mamans donnent des biberons de lait maternisé à leur enfant, les font donner par les papas ou tirent leur lait. Ces mamans-là investissent simplement leur rôle de mère par d'autres voies que la voie alimentaire (mère éducatrice, mère joueuse, mère câlin, etc.). Et elles ont raison de l'assumer ! Il n'est pas question de rentrer dans le schéma caricatural de « bonne mère = mère allaitante » et « mère défaillante = biberon ». Le choix de l'allaitement ou du biberon est une décision intime qui ne remet pas en question les qualités de la mère. Soyez en harmonie avec votre bébé et vous-même. Les premières semaines, le bébé a juste besoin de se sentir protégé, qu'on l'aide à se libérer de ses inquiétudes, que cela passe par le sein ou le biberon. Il ne faut pas oublier qu'être mère ne se résume pas à nourrir son bébé, et que cela passe par bien d'autres moments de partage.

■ Le passage au biberon : un chemin initiatique

Les bébés acceptent le passage au biberon à condition que la mère ne brûle pas les étapes et à partir du moment où l'enfant a assimilé qu'on lui apportait ce dont il a besoin quand il en a besoin. À 3 mois, à 9 mois, il n'y a pas de bon âge, même si l'allaitement prolongé jusqu'à 4 ou 5 ans n'est pas recommandé. Nourrir son enfant est un cheminement initiatique pour la mère comme pour l'enfant. Avec la naissance du premier enfant, la femme découvre son rôle de mère et connaît ses premières peurs. Le sevrage dépend beaucoup de la façon dont la maman va vivre ce changement de mode d'alimentation. Si la mère pense : « Mais c'est horrible ! Jusqu'à présent il n'a connu que mon sein tout doux, tout mou, tout chaud, mon odeur et là, d'un coup, il va avoir cette immonde tétine qui sent le plastique », ou si elle vit le sevrage comme une frustration, un déchirement, du fait de ne plus être cette mère nourricière, il y a de grandes chances pour que bébé rejette le biberon. Les mamans doivent sortir de cet état d'esprit pour aller vers un mode d'appréciation plus positif. Il est préférable de penser : « Je suis en train d'aider mon enfant à grandir, à se sociabiliser et à découvrir le monde. Je me libère de cette relation fusionnelle et lui montre que le monde n'est pas exclusivement délimité à nous deux. Je l'aide à grandir, donc je suis bien dans mon rôle de mère. » Les mamans doivent comprendre que même si elles perdent le contact de la bouche sur le sein, elles découvrent d'autres moments d'intimité, de partage, comme prendre un bain avec bébé, lui donner le biberon dans son lit à son réveil…

Les pères, quant à eux, ont ici un rôle clef à jouer : ils doivent soutenir la mère dans l'acceptation de ce changement, discuter avec elle quand le doute s'installe… Ce rôle de soutien indéfectible sera positif pour l'enfant, pour sa mère et pour le couple.

■ Les règles pour un sevrage réussi

Si la maman désire sevrer son enfant en respectant certaines règles, il n'y a aucune crainte à avoir. L'enfant ne sera pas traumatisé et ne se sentira pas abandonné. Le principe est de maintenir l'allaitement et de glisser progressivement vers le biberon, car la période du sevrage est un état transitoire. Il n'est pas question de refuser du jour au lendemain son sein à l'enfant. En revanche, il est tout à fait envisageable de passer du sein au début de la diversification alimentaire sans passer par une alimentation lactée au biberon.

Reste que, malgré ces principes énoncés, le sevrage inquiète souvent les mamans. Que dois-je faire ? Mon enfant s'en remettra-t-il ? Oui, bébé s'en remettra très bien. Il lui faudra toutefois une dizaine de jours d'adaptation pour s'habituer au biberon. Au début, il pourra montrer un peu de réticence et de frustration à voir maman lui remettre ce drôle d'objet dans la bouche. Papa pourra donc, pendant une ou deux semaines, prendre quotidiennement le relais pour déshabituer l'enfant du sein. Ensuite, tout doit logiquement rentrer dans l'ordre, la suppression des tétées étant progressive, à raison d'une tétée tous les deux jours puis tous les trois jours.

Ici, l'autre élément indispensable est la communication par la parole. La maman doit prendre le temps d'expliquer à son petit ce qui se passe : lui dire par exemple que c'est papa qui va le nourrir, lui dire pourquoi et lui montrer le biberon. Bébé n'a beau être que bébé, il comprend ce que sa mère lui dit. Sa voix le rassure et surtout, cela lui montre que c'est un choix assumé. La maman qui, le biberon dans une main et son enfant dans l'autre, court dans la cuisine les larmes aux yeux pour confier la tâche au père, va inquiéter l'enfant : il ressentira le malaise.

La castration orale selon Françoise Dolto

L'enfant entretient un lien oral très fort avec sa mère qui le nourrit pendant les deux premières années de sa vie, c'est le stade oral décrit par Freud. Les castrations en psychanalyse ont pour fonction d'apprendre à l'enfant à accepter la frustration, à différer son plaisir immédiat pour accéder à plus d'autonomie. Pour Françoise Dolto, la première castration est orale, il s'agit du sevrage. La fonction de cette castration est de poser un interdit fort, celui du cannibalisme. La mère n'est plus objet de désir, elle devient sujet d'échange. La castration orale va ouvrir à l'enfant la voie du langage. Le sevrage va modifier le lien primitif d'échange nourricier dans le corps à corps pour favoriser d'autres échanges liés à l'oralité comme le langage verbal. La castration orale va permettre à l'enfant de peu à peu apprendre à s'individualiser de sa mère dans son corps et ses désirs, dans sa capacité à se nourrir sans elle et à refuser un aliment.

Le biberon, une transition pour grandir

Même lorsqu'une femme se sent prête à arrêter le sein, la nostalgie peut s'installer, car cette étape ne se reproduira plus. Pourtant, n'oublions pas qu'un enfant est une somme de transitions ! Par exemple, quand il commence à marcher, on pense qu'il ne sera plus nécessaire de le porter systématiquement, alors que c'est loin d'être le cas. On peut voir le verre à moitié vide en se disant : « C'est terrible, cette période est finie… » ou voir le verre à moitié plein en pensant : « J'accompagne mon enfant vers d'autres apprentissages. » Quand, vers 6 ou 7 mois, l'enfant commence à avoir ses premières dents, un autre rapport se crée. Les parents n'ont plus affaire à un bébé suçotant, mais à un bébé mordant, ce qui signifie moins de confort. Il n'est alors pas rare que la maman n'ait plus envie de cette relation.

Le sevrage est juste le moyen de faire comprendre à l'enfant qu'il est désormais capable d'aller vers une autre forme d'alimentation et que d'autres personnes l'aideront à se nourrir (le papa, une nounou, la tante). C'est une période bénéfique pour la mère qui retrouve plus d'autonomie, plus d'énergie, reprend pleinement possession de son corps et regagne son rôle de femme pour investir d'autres champs que la maternité (social, conjugal, professionnel). Toutes ces motivations sont importantes pour pouvoir vivre son rôle de mère avec bonheur et plaisir.

Les outils de PsychoEnfants

La tétine

Il existe trois formes de tétine : à bout rond, à valve ou à bout physiologique, reproduisant la forme du sein maternel. N'hésitez donc pas à les tester pour trouver celle qui correspond le mieux à votre enfant. Ensuite, choisissez la matière : silicone ou caoutchouc ?

Le tire-lait

Pour que bébé accepte plus facilement le biberon, vous pouvez, au début, mélanger graduellement votre lait maternel au lait maternisé vendu dans le commerce. L'opération se joue en trois étapes. Au début comptez trois quarts de lait maternel pour un quart de nouveau lait, puis moitié-moitié et enfin comptez un quart de lait maternel pour trois quarts de lait maternisé. À faire environ tous les quatre jours.

La voiture nourricière

Lorsqu'un bébé ne veut pas quitter le sein de maman pour le biberon, le mieux est de détourner son attention pour éviter qu'il ne se sente rejeté. Il est astucieux de confier au père le soin de donner le biberon dans la voiture ou dans une autre pièce de la maison que l'enfant ne reconnaît pas. Le principal est de changer de cadre.

Le biberon chatouilleur

Avant de lui mettre le biberon dans la bouche, vous pouvez chatouiller la commissure des lèvres de bébé avec la tétine pour déclencher le réflexe de succion. N'hésitez pas à alterner la tétine qu'il adore et le nouveau biberon pour le rassurer sur le fait qu'il connaît déjà cette façon de téter. Variante : proposez-lui une tétine comme jouet à suçoter pour qu'il se familiarise avec l'objet.

Le nounours agité

Dans une main, tenez le biberon et de l'autre, tenez son doudou ou sa peluche favorite. Amenez le biberon à sa bouche, tandis que de l'autre main, vous agitez la peluche. Son attention se focalisera sur le jouet et non plus sur le biberon, ce qui évitera les larmes et le rejet.

Les vertus de la patience

Si votre bébé refuse le biberon, ne le forcez pas. Vous risqueriez de l'écœurer. Posez le biberon, changez d'activité pendant 10 à 15 min (câlin, hochet), puis tentez à nouveau.

La bonne température

Vous avez déjà changé d'outil (le biberon) et de médium (le lait maternisé), alors inutile de varier aussi la température du lait. N'oubliez pas que jusqu'ici votre bébé n'a connu que le lait chaud de sa maman. Même si cela demande un peu plus de travail, préférez les biberons tièdes plutôt que ceux à température ambiante.

Mon bébé ne mange pas assez, je m'inquiète

Chapitre 2

« Noé aura 5 mois dans une semaine, et pour moi, le nourrir s'avère difficile. C'est un bébé menu qui finit rarement ses biberons. Durant la nuit, il ne boit que 120 ml de lait. De plus, j'ai aussi remarqué qu'il avait du mal à tirer le lait avec la tétine. J'ai tenté de le forcer, mais cela s'est terminé par des pleurs. J'ai également tenté d'attendre qu'il réclame à manger, mais sans résultats, car mon petit Noé ne réclamait que deux biberons par jour. »

Dans le cas présent, ce n'est pas tant les quantités de lait que boit l'enfant qui posent problème, mais plutôt les inquiétudes de sa mère. Karine ne sait pas faire la différence entre les besoins normés et les besoins réels de Noé. Elle pense que plus l'enfant boira de centilitres de lait, plus elle sera bien placée sur l'échelle de la « bonne mère ». Ce comportement traduit davantage l'insécurité affective de la mère et ses propres problèmes d'alimentation.

La maman doit d'abord prendre conscience de la réalité de son bébé, accepter qu'il ne soit pas un gros mangeur et se questionner sur ses propres difficultés en matière d'alimentation. Voyons comment elle peut retrouver sa confiance en elle et affronter ses peurs, en lui expliquant le mode alimentaire de son bébé.

■ Suivre l'évolution de la corpulence de bébé

Il faut d'abord comprendre qu'un bébé mange ce dont il a besoin – sauf dans les cas particuliers où le nourrisson souffre de troubles pathologiques. Lorsqu'une maman est inquiète, il est conseillé de tenir à jour la courbe de corpulence présente dans tous les carnets de santé des enfants depuis 2000. Le calcul de l'IMC (indice de masse corporelle) est simple : divisez le poids par la taille au carré (c'est-à-dire la taille fois la taille). Une fois le résultat obtenu (en kg/m^2), il suffit de le reporter sur le carnet de santé. La courbe révèle si l'enfant se développe normalement par rapport à une courbe moyenne déjà tracée sur le carnet. Ainsi, un enfant qui serait de très grande taille mais de petit poids aurait certainement une courbe de croissance au-dessus de la norme et une courbe de poids en dessous de la norme, alors que sa courbe de corpulence serait peut-être basse mais se maintiendrait dans la norme.

La maman doit aussi accepter que son enfant est peut-être différent de ce qu'elle avait imaginé, mais il n'en est pas moins son enfant. Par exemple, prenons le cas de parents tous les deux très grands, mais dont l'une des grands-mères était petite. Il est parfois difficile pour les parents d'admettre que si leur enfant a un petit gabarit, c'est parce qu'il a hérité des gènes de mamie et non parce qu'il ne mange pas assez. Dans ce cas, il incombe aux parents d'accepter que leur fils ou leur fille ne sera pas aussi grand qu'eux.

La régulation des besoins de bébé

S'agissant d'un jeune enfant, le problème est de savoir s'il a « assez mangé ». La tendance à la normalisation et à l'hygiénisme de notre société contribue à l'inquiétude des mères. Ainsi, est décrétée la quantité exacte de biberons de lait qu'un bébé de 3 mois et de 6 mois doit boire chaque jour. Cela n'a aucun sens. Un enfant, comme un adulte, n'est pas un robot. Adulte, on observe parfois qu'on a plus ou moins faim le matin, selon ce que l'on a mangé la veille ; il peut aussi nous arriver de manquer d'appétit pendant trois jours, puis de dévorer nos plats les jours suivants... Bébés, enfants et adultes sont, sur ce point, soumis aux mêmes absences de règles.

Lorsqu'un bébé manque d'appétit, ce n'est pas un état d'âme, mais une régulation de ses besoins qu'il convient de respecter. Un tout-petit mange quand il a faim, autant qu'il en a envie. Il ne mange ni par gloutonnerie ni par gourmandise, c'est un besoin vital. Cette régulation naturelle va d'ailleurs perdurer chez les enfants et il faudrait la conserver le plus longtemps possible. Or, les parents ont tendance à altérer cette capacité de régulation en forçant l'enfant à finir sa compote, son assiette ou en lui disant : « Oh là ! Mais tu n'as rien mangé ! Tu sais que tu ne vas pas grandir si tu ne manges pas ! » Un enfant qui sent sa mère en désarroi se sent contraint de faire des efforts à table pour la contenter. Il s'éloigne alors petit à petit d'une réponse adéquate à ses besoins, ainsi que de ses repères de satiété.

En revanche, un bébé est incapable de modifier ses prises alimentaires pour faire plaisir à sa mère. Toutes les mamans un peu à l'aise avec l'alimentation voient bien que, parfois, leur bébé est encore affamé après 250 ml de lait. Il hurle et ouvre grand la bouche comme s'il voulait avaler son biberon. Il suffit alors de lui redonner 30 ml de lait pour qu'il se sente rassasié. Ne dramatisez pas et ne laissez pas votre enfant dans cet état de tension dû à sa sensation de faim.

■ La mère angoissée

La peur que bébé ne mange pas suffisamment surgit souvent après le sevrage. En effet, une maman qui allaite se pose rarement la question de savoir si bébé a assez mangé. Elle donne son sein et attend que son bébé s'en détourne tout seul. Alors pourquoi une maman perd-elle cette capacité à respecter l'appétit de son enfant quand elle lui donne le biberon ? Tout simplement parce qu'elle perd le contrôle. Quand elle allaitait, elle savait d'instinct que son lait était riche, contenait tout ce qu'il fallait pour son bébé, qu'il gardait les saveurs et les odeurs de ce qu'elle avait elle-même mangé… Le nourrir était alors un acte de transmission. Avec le lait maternisé, la maman a beau savoir qu'il a été conçu pour apporter tout ce dont l'enfant a besoin pour grandir et que des milliers de bébés ne sont nourris qu'avec ça, elle ne peut s'empêcher d'émettre des doutes.

Les angoisses de la mère liées à l'alimentation de son bébé traduisent généralement sa propre insécurité affective ou ses difficultés avec l'alimentation. Ces craintes découlent aussi de l'éducation qu'elle a reçue. Les femmes à qui on a toujours dit quand elles étaient enfant : « Tu te rends compte, tu ne finis pas ton assiette, alors que des enfants meurent de faim », ou encore : « Je l'ai fait pour toi, fais-moi plaisir, mange encore », peuvent avoir un rapport perturbé à l'alimentation. Chose plus étonnante : certaines mamans, pourtant de petites mangeuses, ne comprennent pas pourquoi leur enfant mange si peu. Ainsi, les parents d'une petite fille qui étaient des petits mangeurs et pour qui les repas avec leur fille étaient un cauchemar ont fini par accepter qu'elle pouvait être comme eux, une « picoreuse ». Ils l'ont laissée manger à son rythme, et aujourd'hui la petite fille va très bien et tout se passe mieux à table.

■ Et si bébé voulait goûter à autre chose ?

La peur que son enfant ne mange pas suffisamment cache également l'angoisse de ne pas savoir faire grandir son enfant, de ne pas lui donner ce qu'il faut… En somme, ce sont des mamans qui éprouvent des difficultés à assumer leur rôle de mère, à faire face à des événements différents, à s'adapter aux demandes parfois inhabituelles de leur enfant… L'alimentation est un champ d'apprentissage pour la jeune mère qui doit admettre dès la naissance que son enfant est un mangeur particulier, individuel, parfois différent d'elle, et qu'en fonction de l'éducation qu'il reçoit, de ses expériences et de ses goûts propres, il sera un petit ou un gros mangeur. Soyez donc à son écoute.

Avant 4 mois, il n'a pas encore fait cet apprentissage et mange juste en fonction de ses besoins. À cet âge-là, il peut aussi arriver qu'il se détourne plus tôt que prévu de l'alimentation lactée. Cela met toujours les parents dans un état d'angoisse, car la mode veut qu'on commence à diversifier l'alimentation de son enfant vers 5 ou 6 mois. Rappelons qu'en pédiatrie, les recommandations changent vite. Il y a dix ans, il fallait diversifier à 4 mois, il y a deux ans c'était à 9 mois… Ce qu'on imagine être une norme, une règle immuable, fluctue toujours. Relativisons ! Si un enfant de 3 mois et demi ne veut déjà plus de lait ou de biberon (ce qui peut être déclenché par le sevrage), ce n'est pas dramatique. L'enfant passe juste cette étape un peu plus tôt que prévu. L'important est de continuer à bien l'alimenter, lui donner ce dont il a besoin et maintenir une alimentation à base de lait. À lui les biberons de lait mélangés aux compotes ou les yaourts à base de lait maternisé ! Si les yaourts, petits-suisses et autres fromages maigres entrent en piste plus tôt que prévu, ne cédez pas à l'envie de les sucrer tout de suite. Plus que le sucre, ce qui intéresse bébé dans ces produits est leur consistance nouvelle. Bien sûr, bébé aura toujours besoin d'un peu de temps pour s'adapter à ce qu'il va, bien souvent, dans un mois dévorer en quelques coups de cuillère. Si l'idée de lui donner des yaourts sans sucre vous est insupportable, mélangez-les avec un peu de compote. Les fromages, trop salés, sont en revanche à consommer plus tard dans son évolution (vers 9 mois).

Laitages : repères pour un apport suffisant en calcium

À partir de 6 mois, votre bébé peut découvrir de nouveaux produits laitiers, autres que le lait. À titre indicatif, 200 mg de calcium se retrouvent soit dans 150 ml de lait, 1 yaourt nature brassé, 150 g de fromage blanc, 3 petits-suisses, 20 g de fromage à pâte dure ou encore 45 g de fromage à pâte molle.
L'Agence nationale de sécurité sanitaire de l'alimentation recommande un apport de 500 mg de calcium par jour pour un enfant jusqu'à ses 3 ans, puis 800 mg de 4 à 9 ans.

Manque d'appétit de bébé : psychologique ou pathologique ?

Lorsqu'une maman remarque que son enfant, qui était prévu pour être un costaud, se met à moins manger, à perdre du poids et qu'il quitte à un moment donné sa courbe de corpulence, elle doit consulter immédiatement un pédiatre. On quitte alors la sphère relationnelle mère-enfant pour se soumettre à la sphère médicale. En règle générale, les pédiatres éliminent d'abord les causes pathologiques avant d'explorer des raisons psychologiques pour éviter de faire monter l'anxiété des parents qui pourraient se sentir défaillants. Il arrive que le médecin révèle que bébé est atteint d'une maladie et que ses vomissements n'ont donc rien à voir avec les parents.

Quand, par exemple, les bébés sont intolérants au lactose (intolérance au type de sucre contenu dans le lait), il suffit alors de prendre un lait adapté. Après l'introduction de céréales dans le biberon de bébé, il peut arriver que bébé souffre de diarrhées, qu'il ait un faible appétit et tombe malade. Il peut s'agir d'une intolérance au gluten (quand l'intestin de l'enfant n'absorbe plus les éléments nutritionnels, ce qui l'empêche de grandir normalement). Et dans des cas extrêmement rares, le bébé peut souffrir d'un trouble alimentaire, comme l'anorexie.

Les cas pathologiques : l'anorexie et le mérycisme

Lorsqu'un bébé refuse de s'alimenter, il peut souffrir d'anorexie du nourrisson. Il s'agit d'un trouble alimentaire pouvant survenir après une réponse inadaptée de l'entourage du nourrisson qui ne comprend pas son comportement, comme une simple poussée dentaire, une maladie infectieuse banale ou encore un sevrage. Les anorexies plus sévères peuvent être déclenchées si le bébé n'est pas désiré, que la maman n'arrive pas à investir son rôle de mère. Bébé est alors vu comme une punition et le ressent. Pour le petit enfant, se sentir rejeté ou être la cause du mal-être de sa maman est un problème conflictuel psychologique beaucoup trop lourd à porter. Il entre dans un état de souffrance. Manger, c'est vivre. En cessant de s'alimenter, l'enfant exprime son incapacité à vivre. Un bébé n'a pas juste besoin d'être alimenté sur le plan nutritif, mais aussi sur le plan affectif par le jeu et le contact physique.

Quant au mérycisme, il s'agit d'un trouble psychopathologique se caractérisant par le retour volontaire ou involontaire (régurgitation) des aliments de l'estomac dans la bouche où ils peuvent être de nouveau mastiqués, mâchonnés. Le mérycisme n'est pas une maladie, mais plutôt un des symptômes d'un dysfonctionnement chez un bébé né avec une déficience mentale par exemple. Il lui faut alors un suivi médical et comportemental.

S'il n'y a pas de cause physiologique ou pathologique qui pousse bébé à ne plus s'alimenter, on peut alors envisager un problème d'ordre relationnel avec ses parents ou avec sa mère. Par exemple, quand la maman ne joue pas avec son bébé, ne le prend pas dans ses bras, ne lui parle pas ; en somme, lorsqu'elle ne lui montre aucun signe d'affection. Dans ce cas, c'est à la maman de solliciter l'aide d'un psychologue. Lors de consultations d'ailleurs, de nombreuses mamans parlent de leur enfant sans jamais le présenter. Ces mamans doivent entamer un travail sur ce que représente pour elles la fonction maternelle et se poser quelques questions : ai-je moi-même des problèmes avec l'alimentation ou dans d'autres domaines ? On s'aperçoit au cours du travail avec un psychologue qu'il est alors souvent question de leur propre rapport à la nourriture.

Les outils de PsychoEnfants

Le bon timing

Ne prolongez pas les repas au-delà d'une demi-heure. Ne les fractionnez pas non plus en proposant à votre enfant de manger une demi-heure plus tard ce qu'il vous a déjà refusé, il aurait encore moins faim au repas suivant. Espacez plutôt les repas au maximum pour être sûr qu'il ait faim.

Les rations

Pour éviter que votre enfant ne se décourage avant même d'avoir commencé à manger, rationnez son assiette ou ses biberons. Oubliez vos réflexes de maman-poule en lui tendant des assiettes bien bombées ! Préférez les petits-suisses de petit format plutôt que les gros et versez un peu moins de lait dans ses biberons, quitte à lui offrir un biscuit ou un morceau de fruit à côté. Le but est qu'il arrive à terminer ce que vous lui donnez pour que vous puissiez le féliciter et qu'il se sente fier de lui. Vous pourrez augmenter les quantités progressivement.

Le biberon multisaveur

Pour aider le jeune enfant à boire autre chose que du lait, vous pouvez commencer par introduire des légumes ou des fruits mixés dans son biberon habituel de lait. Il pourra commencer à goûter de nouvelles saveurs sans pour autant avoir besoin de mastiquer. Le biberon le rassurera.

L'oiseau picoreur

Votre enfant est un oiseau picoreur car il ne mange pas, il picore ! Faites-le lui comprendre sur le ton de l'humour et n'hésitez pas à comparer papa ou maman avec un autre animal (papa est un lion grand et fort car il dévore) pour ne pas qu'il se vexe de la comparaison. Préparez-lui ensuite plusieurs petites quantités de différents aliments et disposez le tout dans son assiette, les aliments bien distinctement séparés les uns des autres. Ensuite, à lui de jouer ! Il doit tout picorer aliment par aliment ! Pour le motiver (selon les catégories d'aliments à avaler), dites-lui tour à tour qu'il est faucon ou petit moineau, toujours avec légèreté ! Le but est de lui montrer qu'il peut se transformer en un autre animal au fur et à mesure que son appétit grandit. La disposition, les quantités et les catégories d'aliments changent car, bientôt, lui aussi va devenir un lion comme papa !

Le calcul des bouchées

Pour motiver votre enfant à manger, fixez un nombre de bouchées obligatoires par catégories d'aliments. Par exemple, cinq bouchées de viande, cinq bouchées de légumes et cinq bouchées de pâtes. Il verra alors son assiette comme un challenge à remporter. Pour ne pas dénigrer à ses yeux une catégorie d'aliments, il est important de choisir un chiffre similaire pour tout. Il doit comprendre que chaque aliment est bon pour sa santé et mérite d'être mangé.

J'ai du mal à lui faire passer le cap de la diversification alimentaire

Chapitre 3

« Les repas avec ma fille de 17 mois sont devenus un casse-tête pour moi. J'ai essayé de lui faire goûter de nouveaux aliments pour qu'elle découvre d'autres saveurs que celle du lait maternisé auquel je l'avais habituée, mais rien n'y fait. Ma fille ne boit que son biberon du matin. Pour les autres repas, elle repousse la cuillère avec sa main sans arrêt, tourne la tête, pleure, tape des mains sur la tablette de sa chaise-haute, ou encore renverse ses assiettes… Ma petite Chiara tient à son biberon ! Je ne sais plus quoi faire pour l'aider à passer le cap de la diversification alimentaire. »

Les plaintes des parents au sujet d'un enfant qui refuse de se nourrir autrement qu'avec du lait maternisé dans un biberon sont légion. Pour la petite Chiara, comme pour de nombreux enfants, le passage du lait à d'autres aliments est difficile, ce qui préoccupe sa mère. Comment faire pour qu'elle accepte de manger à la petite cuillère ? La diversification alimentaire est, d'une part, question de méthode et, d'autre part, liée au développement de l'enfant et à ses capacités d'apprentissage. On assiste parfois à des blocages quand une mère ne considère pas l'ensemble de ces facteurs.

Détaillons dès à présent les étapes de la diversification alimentaire, ses enjeux et ses risques. Nous expliquerons aussi les raisons qui mènent un enfant à refuser la cuillère, et tenterons de repérer l'origine des peurs de la mère s'agissant de la diversification des aliments.

Préambules à la diversification alimentaire

La diversification alimentaire signifie l'introduction d'aliments autres que le lait dans la nourriture du tout-petit. Elle débute souvent par l'introduction d'aliments, au goût plutôt neutre ou sucré, mélangés au lait jusqu'à ce que l'enfant adopte une alimentation proche de celle d'un adulte, tant au niveau de la variété que des textures.

La manière dont va se dérouler la diversification alimentaire se joue dès les premières semaines du nourrisson. Si, dès le départ, l'alimentation a été une source de problèmes, il y a de grandes chances pour que cela continue. Au lieu d'analyser la situation présente, les parents devraient prendre en considération ce qui s'est passé avant le début de cette nouvelle étape. Les causes du rejet des aliments à table sont souvent dues à des frustrations, des crispations à un moment où les parents ne comprenaient pas pourquoi leur bébé ne suivait pas les règles alimentaires qu'ils lui imposaient.

Les premières découvertes : fruits et légumes en purée

Les fruits et légumes sont désormais préconisés vers l'âge de 6 mois. Il ne faut néanmoins pas faire de cette indication une norme. Si l'enfant se tourne plus tôt vers d'autres aliments, laissez-le découvrir. La règle veut aussi qu'on introduise un seul nouvel aliment par jour. De cette manière, si un enfant le tolère mal ou y est allergique, le parent est tout de suite capable d'identifier l'aliment fautif. Pendant la diversification, apparaît en effet la crainte des allergies, mais il ne faut pas négliger la question du goût. En règle générale, on diversifie les aliments en commençant par des légumes au goût plus doux. La carotte, qui a une saveur légèrement sucrée, est souvent appréciée des bébés. Néanmoins, on peut très bien imaginer débuter la diversification avec un fruit en mettant un peu de compote dans le biberon du goûter. Sur ce point, il est avant tout question de culture culinaire. Les parents commencent souvent la diversification au repas du midi. En France, où l'on déjeune salé, on se tourne naturellement vers les légumes, puis on alterne légumes et fruits. En revanche, il est déconseillé de diversifier tous les biberons de la journée. Si l'on teste la carotte à midi, la compote au goûter, et le brocoli le soir, cela demande trop d'efforts d'assimilation à l'enfant. Il n'est pas capable d'intégrer tant de saveurs différentes en une journée.

Au début de la diversification, mieux vaut s'abstenir de faire goûter un aliment pur à son enfant. Il est préférable de l'introduire dans une préparation lactée. Une cuillère à café ou à soupe dans le biberon suffit pour lui donner cette sensation de nouvelle saveur. On laisse l'enfant s'habituer deux ou trois jours, puis on augmente le nombre de cuillères de fruit ou de légume dans le biberon de lait. Veillez toutefois à ce que la purée ou la compote introduite soit bien lisse, car il ne s'agit pas de boucher la tétine. Selon les normes, la diversification dure un mois pour que l'enfant passe de la première introduction dans le biberon à la purée à la petite cuillère. Mais parfois, les choses se passent différemment : la plupart des parents font goûter de la purée à leur enfant puis, voyant qu'il apprécie, ils passent directement à la purée. Et n'oubliez pas que vous ne devez jamais saler ou sucrer vos purées.

Cap sur la petite cuillère

Ce n'est pas l'enfant qui demande à passer du biberon à la petite cuillère, ni du lait à des aliments en morceaux. Les parents doivent s'y préparer sans inquiétude. Parfois des parents craignent que leur enfant s'étouffe, refuse les morceaux ou, encore, développe des allergies, mais cela relève d'une angoisse injustifiée qu'il est nécessaire d'apaiser. Il arrive aussi que l'enfant régresse pendant la diversification, soit qu'il n'aime pas le goût ou la consistance d'un aliment, soit que sa mère l'oblige à manger à son propre rythme. L'enfant risque alors de demander un biberon de lait ou un aliment liquide qui le rassure.

Les étapes transitionnelles du biberon à la petite cuillère, ou d'un aliment proche du liquide, comme la purée, aux morceaux, demandent aux parents de la patience. De son côté, l'enfant doit aussi s'adapter à de nouvelles sensations, et il n'est pas rare qu'il y renonce provisoirement. Inutile de s'alarmer : un jour, l'enfant acceptera les nouveaux aliments, un jour il aura tendance à régresser ; l'enfant aussi a besoin de temps pour évoluer. Illustrons ce que vit l'enfant en imaginant que vous preniez des cours de tennis pour la première fois. Jusqu'à présent, vous jouiez intuitivement avec plaisir, et soudain la technique de votre professeur exige que vous repreniez tout à zéro. Vous aurez l'impression de régresser… Eh bien, pour l'enfant, c'est exactement pareil !

Recommandations : les besoins alimentaires des 6-12 mois

Entre 6 et 9 mois, le nombre de prises alimentaires passe progressivement de six à quatre par jour. Vous pouvez ajouter de temps à autre des céréales infantiles dans le lait maternel. Si votre bébé est sevré, il est conseillé de lui donner entre 500 à 700 ml de lait deuxième âge par jour, soit l'équivalent d'au moins deux biberons. Par ailleurs, votre bébé peut découvrir le goût de la viande et du poisson : ne dépassez pas 5 à 10 g par jour, soit une à deux cuillerées à café. Les quantités de fruits et légumes sont à varier selon l'appétit de votre enfant. Entre 9 mois et 1 an, les petits enfants consomment 500 ml de lait infantile par jour, 10 g de viande ou de poisson, ainsi que des fruits et légumes aux principaux repas. Les féculents doivent être présents à tous les repas sous une forme ou une autre (pâtes bien cuites et mixées, purée de pomme de terre, potage de lentilles filtré…). Mais le plus important concernant les quantités est de suivre ses besoins au jour le jour !

Respecter les rythmes et besoins de son enfant

Pour aider votre enfant à diversifier sa palette alimentaire, le respect s'impose. Pour autant, il ne faut pas confondre respect et laisser-faire. Lorsqu'on parle aux parents d'écoute de l'enfant, d'adaptation à ses rythmes, ils se trompent souvent en mettant leur enfant en position d'exiger ce qu'il veut, quand il veut, au détriment de leurs désirs, et l'enfant devient alors « enfant roi ».

Respecter son enfant, c'est d'abord respecter les quantités qu'il peut absorber, ni plus ni moins. S'adapter à son rythme alimentaire s'avère le meilleur moyen pour que de petit mangeur, il devienne sans problème un grand mangeur. Et s'il demande parfois un biberon, c'est probable qu'il y retrouve un plaisir affectif que les parents doivent là encore respecter.

À l'âge de la transition alimentaire, l'enfant entre dans un stade de développement des sens : il explore en touchant et en portant à la bouche les objets. Inutile de s'inquiéter s'il met les doigts dans son assiette pour attraper les petits pois ou les morceaux de pomme ; l'enfant découvre, il se familiarise avec de nouvelles sensations. C'est une étape nécessaire que les parents doivent accepter : il touche, sent, écrase, goûte… Ces premières expériences vont le conduire petit à petit vers plus d'autonomie et d'assurance. Sans pour autant l'autoriser à transformer la cuisine en auge à cochon, accompagnez ses découvertes en approuvant ses gestes, cela le confortera dans ses efforts et l'aidera à grandir.

■ Manger : entre jeu et enjeux

La diversification alimentaire est l'occasion de jouer avec son enfant, de s'intéresser et rire avec lui de ses découvertes. Qui n'a pas une fois eu plaisir à observer la tête de son enfant qui goûte un nouvel aliment ? Qui n'a jamais ri en le voyant grimacer ou repousser avec la langue ce qu'il a dans la bouche ? Ses grimaces sont parfois l'expression d'un dégoût, ou la nourriture est trop forte, trop amère, trop chaude… Elles en disent long sur la manière dont l'enfant accueille la nouveauté. Pour certains aliments aux goûts très prononcés, comme le céleri ou l'aubergine, on les introduira seulement vers 10 mois dans la nourriture du bébé. Vous allez découvrir les goûts de votre bébé, et donc mieux le connaître. Acceptez qu'il puisse ne pas aimer les mêmes choses que vous et laissez-lui le temps d'apprivoiser toutes les saveurs.

■ Pourquoi refuse-t-il la petite cuillère ?

Quand un enfant refuse la petite cuillère, cela peut traduire aussi son besoin de passer plus rapidement du liquide aux morceaux. Dans ce cas, vous pouvez lui couper des dés de tomates bien mûres en enlevant la peau et les graines ou bien lui donner des petits pois qu'il attrapera entre le pouce et l'index. Il conviendra de préciser que « les petits pois vont dans la bouche et pas par terre », quelques mots nécessaires pour montrer les limites. Un enfant encouragé prend confiance en lui, et la mère qui dira : « Regarde… attrape les petits pois avec tes doigts, tu peux les mettre dans ta bouche tout seul parce que tu es grand maintenant » entretiendra avec son enfant une relation complice propre à un bon développement.

■ La cuillère, source de frustration

La cuillère peut également frustrer l'enfant car son utilisation entraîne un changement du rythme alimentaire. Certains enfants se révèlent goulus et peuvent donner l'impression de manger très vite. Les parents se disent alors : « Il mange trop vite, il va mal digérer ou avaler de travers. » Rappelons que jusque-là, l'enfant ne connaissait que le liquide qui s'écoulait par une tétine. D'autres enfants, au contraire, sont plus lents ; il ne faut pas les presser. Encore une fois, adaptez-vous au rythme de votre enfant, et ne cherchez pas à lui imposer le vôtre. L'enfant sait d'instinct ce dont il a besoin et quand il en a besoin. Les étapes de transition nécessitent une écoute renforcée : malgré vos peurs, soyez attentifs à ce qu'exprime votre enfant quand il refuse une cuillère, réclame un biberon, grimace au goût d'un aliment… Même si cela est difficile et vous oblige à rectifier vos réactions, évitez de transmettre à votre enfant vos propres inquiétudes en disant par exemple : « Non, tu es trop petit pour manger comme ça. »

Une maman qui, par peur, maintiendrait son enfant dans une dépendance en refusant de passer du biberon à la cuillère risquerait de ralentir le développement tant affectif que biologique de son enfant. Un tel comportement est alors mal perçu par l'enfant, dont les réactions sont contradictoires : satisfaire sa mère, d'une part, et manifester son mécontentement, d'autre part.

Après la première année de l'enfant, les repas à table se passent mieux car il cherche moins à découvrir et entre dans une autre phase de son développement en imitant ses parents : « Mon papa et ma maman mangent avec des couverts, eh bien je vais faire pareil ! » L'enfant apprend autrement. Progressivement, il prend confiance, acquiert de l'autonomie, et se rapproche année après année d'un comportement adulte.

Les outils de PsychoEnfants

Le doigt miam miam

S'il refuse de manger son petit pot à la petite cuillère, vous pouvez lui faire manger au doigt. Souvent, les enfants trouvent la cuillère trop dure ou trop froide. Le nourrir au doigt est une technique qui l'aidera à renoncer doucement au biberon. De plus, il n'aura pas à cœur de refuser le doigt de sa maman, puis aura plaisir à se lécher ses propres doigts avec gourmandise.

Bien choisir sa cuillère

Les cuillères en métal sont souvent moins bien acceptées par bébé, qui n'a jamais eu l'occasion d'avoir ce type de texture dans la bouche. Préférez plutôt une cuillère en plastique, que bébé apprivoisera plus facilement.

La cuillère avion

Idéale pour faire accepter aux plus petits de manger à la petite cuillère. Qui n'a jamais « fait l'avion » pour nourrir son jeune enfant ? Dans cet esprit, transformez la cuillère de votre enfant en avion en la dotant de deux ailes et d'une hélice en papier. La cuillère vole vers la bouche de l'enfant et hop ! son contenu est avalé au vol. Les repas devraient s'en trouver facilités. Pour les moins manuels, vous trouverez dans le commerce un modèle d'avion cuillère, né de l'aéronautique enfantine.

La dînette

Fille ou garçon, offrez-lui un petit jeu de dînette avec couverts et assiettes en plastique pour qu'il puisse se familiariser avec ces nouveaux instruments. Vous pouvez également jouer avec lui pour qu'il apprenne comment se passe un repas en jouant. Ainsi, lorsque vous lui tendrez une petite cuillère à table, il ne la rejettera pas.

La cérémonie

Dites à votre enfant qu'il est devenu une grande fille ou un grand garçon et qu'à son âge, il est désormais temps de quitter son biberon. Proposez-lui d'organiser une cérémonie d'au revoir à ses biberons. Allumez des bougies, tapez sur des casseroles, chantez une chanson d'adieu dans un esprit festif ! Puis faites-lui bien comprendre qu'à la fin de la cérémonie, il ira jeter lui-même ses biberons à la poubelle. Cette joyeuse mascarade permet à l'enfant de ne pas se braquer et de le rendre responsable de ses choix ! C'est lui qui a jeté ses biberons, il ne peut donc pas vous en vouloir. Variante : il peut aussi aller donner son biberon dans une association.

Jolie assiette

Achetez différentes assiettes dont le fond présente un décor attrayant pour l'enfant. Plus économique et original, achetez des assiettes blanches que vous peindrez avec de la peinture pour vaisselle (qui résiste même au lave-vaisselle). Comme pour les œufs surprises en chocolat qui révèlent un cadeau une fois qu'on a mangé l'œuf, dites à votre enfant que dans le fond de l'assiette se trouve un dessin qu'il adore. Sauf que, pour le découvrir, il devra tout manger. Curieux de nature, votre enfant viendra vite à bout de son assiette. Variante : faites-lui décorer une assiette, et le soir, servez-le dans cette assiette. S'il veut montrer son joli dessin à son papa, il devra tout manger.

Avec les autres enfants

Si vous avez la chance que votre enfant aille à la crèche ou qu'il profite d'une garde partagée, peut-être aura-t-il envie de faire comme ses copains qui goûtent déjà aux nouvelles textures. Et n'hésitez pas à demander comment ça se passe. Refuse-t-il aussi ou accepte-t-il de manger ? Cela permet de prendre du recul sur le moment du repas et de passer le relais à d'autres personnes.

Mon enfant n'est pas autonome pour manger

Chapitre 4

« J'aurais besoin de petits conseils pour apprendre à mon fils de 2 ans à manger seul. Chaque fois que je tente de le laisser manger sans mon aide, Édouard semble tétanisé devant son assiette, pleurniche, puis finit par renverser son repas au sol. Devant l'ampleur des dégâts et de peur qu'il ne reste le ventre vide, je craque et je m'empresse de lui donner moi-même à manger. »

Nous sommes ici face à un petit garçon qui refuse de manger seul, non pas parce que tenir une petite cuillère est au-dessus de ses capacités, mais parce qu'il n'a pas envie de le faire. Par cette manœuvre, ce garçon tente de capter toute l'attention de sa mère, en lui faisant comprendre qu'il a besoin d'elle pour le nourrir.

Dans ce cas, il faut se demander ce qui se joue entre Édouard et sa maman pour qu'il ait constamment besoin qu'elle s'occupe de lui pendant les repas. Cette petite scène révèle aussi que le maintien de la dépendance ne résulte pas que de la volonté de l'enfant, mais aussi d'une difficulté pour la mère d'avoir un regard objectif sur la situation. En effet, sans essayer de discuter avec son fils, celle-ci accourt pour l'aider. Est-ce qu'elle n'arriverait pas à le voir grandir ?

Abordons dès à présent le thème de l'autonomie à table. Pourquoi certains enfants refusent-ils d'accéder à plus d'autonomie ? Comment pousser son enfant à avancer vers plus de liberté ? Nous expliquerons pourquoi cette nouvelle indépendance est tant redoutée par certains parents. De plus, nous verrons qu'autonomie et estime de soi sont étroitement liées, d'où l'importance de donner confiance en soi à son enfant.

■ Faciliter l'accès à l'autonomie alimentaire

L'autonomie regroupe la capacité et les aptitudes à « faire » seul. En termes de développement psychoaffectif, on parle davantage de pouvoir faire seul que de savoir faire. Pour l'enfant, cela nécessite d'avoir acquis un certain niveau de maturité, d'être suffisamment rassuré sur ce qu'il est capable de faire à son âge, avec le soutien de ses parents qui peuvent constater sa capacité à faire sans aide.

Lorsqu'un enfant refuse de manger seul, ou fait des bêtises à table comme renverser son assiette, il tente en fait d'attirer son attention. Il faut alors se demander si sa mère s'occupe assez de lui le reste du temps, si elle le rassure suffisamment sur ses capacités à faire en toute autonomie.

Les enfants n'ont pas besoin d'être stimulés pour acquérir de nouveaux apprentissages quels qu'ils soient. Pour la pédiatre hongroise Emmi Pickler, l'important est d'écouter l'enfant dans ses besoins et de l'accompagner au fil de ses demandes pour lui permettre d'être naturellement curieux. Dans cet esprit, elle préconisait de ne jamais donner une cuillère de plus que celle dont veut l'enfant. Selon cette théorie, c'est en restant au plus près des goûts de l'enfant que les parents peuvent peu à peu l'amener à découvrir de nouveaux aliments. Ce qui est essentiel, ce n'est pas la quantité des aliments en fonction du poids, mais l'écoute du rythme et des besoins de l'enfant. C'est ainsi que les paliers alimentaires seront franchis en douceur : liquide/solide, purée/morceaux, laitage/diversification. S'il y a des âges indicatifs concernant les diverses acquisitions motrices : station assise, marche, langage… il n'y a néanmoins pas de règle, c'est la curiosité de chaque enfant qui rendra son parcours singulier et unique. Pourquoi en matière d'alimentation en serait-il autrement ? Là encore, l'important est de rester à l'écoute et d'introduire les aliments progressivement en respectant les hésitations de l'enfant pour lui permettre de rester réceptif et curieux. Alors, s'il refuse le poisson ou la viande, introduisez discrètement de l'œuf, du fromage ou du lait dans ses purées pour que ses besoins en protéines soient satisfaits. Et, un jour, il découvrira la viande ou le poisson avec délice.

■ Accepter les maladresses

S'énerver parce que son enfant ne mange pas proprement risque de déclencher un malentendu lourd de conséquences. « Puisque tu me grondes, je ne veux pas manger dans ta cuillère ; puisque tu ne me laisses pas manger comme je veux, je ne mangerai pas ce que tu me donnes », pense l'enfant. Dans un monde idéal, la petite fille porterait proprement à la bouche ce qu'il y a dans son assiette. Mais, dans le monde réel, la petite fille envoie valser son assiette et la mère se met à hurler. Autoriser l'enfant à utiliser sa main comme couvert, à la place d'une cuillère ou d'une fourchette, c'est lui faire confiance et montrer de la reconnaissance face à son autonomisation. Très vite, il prendra une cuillère, puis une petite fourchette. De même, arrêtons de croire qu'un enfant, sous prétexte qu'il ne maîtrise pas encore le langage, ne comprend pas ce qu'on lui reproche. L'enfant qui entend : « Tu m'énerves ! Tu en as encore mis partout ! Qui va encore passer la serpillière, c'est toi peut-être ? » perçoit de l'animosité, de l'hostilité dans la voix de sa mère. Il n'a pas forcément besoin de comprendre ce qu'est une serpillière pour savoir que sa maman est en colère contre lui.

Les différentes transitions vers l'autonomie

Le sevrage marque le début de l'autonomie. Vient ensuite le passage de l'alimentation lactée aux purées qui implique que l'enfant puisse et sache saisir une cuillère et la porter à sa bouche. En termes de capacité, le dernier pas est la prise en main du couteau. En résumé, un enfant est quasiment autonome à table à partir du moment où il se sert de tous les couverts. Mais il faut aussi tenir compte de son autonomie à exprimer ses préférences gustatives. Respecter le temps de ses apprentissages, ses goûts, son plaisir de manger ou à être à table sont des éléments qui vont lui permettre d'accéder à l'autonomie. C'est une façon de lui dire : « Je te donne les clés pour pouvoir choisir et je te laisse choisir. »

Manger seul, un pas vers l'autonomie

L'autonomie est donc un apprentissage. Pour qu'un enfant accède à un stade supérieur de son autonomie, il faut d'abord qu'il soit rassuré sur le stade inférieur. Si ses parents ne l'ont pas rassuré par des mots ou des gestes le jour où il a fait une bêtise, ou qu'il a été déçu par un événement extérieur, il n'aura plus envie de progresser. Il se sentira discrédité. Certains parents peuvent se montrer très durs car ils n'acceptent pas que leur enfant se développe moins vite qu'un cousin ou qu'un aîné. « J'en ai marre, tu es incapable de faire quelque chose tout seul, tu es vraiment idiot parfois ! » Ces mots spontanés et qui expriment un jugement risquent de blesser un enfant et de le faire douter de ses capacités à apprendre, à devenir autonome. Un cercle vicieux se met en marche : par peur d'échouer, il renonce à monter les marches de l'autonomie, ce qui le place indirectement dans une situation d'échec. En réaction, ses parents ne le valoriseront pas. Mais pour lui, rester à ce niveau d'autonomie le rassure. Il ne prend pas de risque en restant à ce niveau qu'il maîtrise, et n'est donc pas dans l'échec. Mais ce blocage indique souvent un état de souffrance. Avant de comprendre ce que l'enfant veut dire en se comportant ainsi, il faut au préalable s'interroger sur le contexte familial. Peut-être ses parents ont-ils du mal à se rendre disponibles pour l'aider dans l'apprentissage de son autonomie ? Soit qu'ils rentrent fatigués le soir, ou ont plusieurs enfants et sont préoccupés… Certains parents ont du mal à accorder de l'attention à un enfant dont la demande serait plus forte ou différente de l'aîné. Il se peut que l'enfant attire l'attention sur lui à la naissance d'un petit frère ou d'une petite sœur. Son moyen d'attirer le regard de ses parents sur son mal-être est d'entrer dans un mode de régression. Certains enfants refuseront de manger seuls, tandis que d'autres vont refaire pipi au lit ou se remettre à parler comme des bébés.

Savoir encourager l'autonomie

Si le parent persiste dans les reproches et les marques de déception face à un enfant qui ne se développe pas aussi vite qu'il l'espérait, le blocage peut s'intensifier. Plutôt que d'être rabroué, l'enfant a besoin d'être complimenté. Lui dire « J'ai confiance en toi, je crois en tes capacités à apprendre, à faire tout seul… Je sais que tu peux le faire » le valorise, lui redonne confiance en lui. Il est toujours drôle de constater à quel point les parents sont fiers de se dire ou de raconter les exploits de leur enfant à un moment inattendu. En valorisant leur enfant, c'est avant tout eux qu'ils encensent car, implicitement, ils éprouvent la fierté d'avoir réussi à faire un enfant « extraordinaire ».

Avec l'autonomie, c'est aussi la bonne estime de soi qui se consolide. En psychologie, l'estime de soi est une notion très composite qui nécessite de la confiance en soi et en ses capacités, de l'optimisme, de l'autonomie, mais cela dépend aussi de la personnalité de l'enfant. Certains voient la vie en rose, d'autres sont plus fatalistes. En somme, l'estime de soi se nourrit de l'inné et de l'acquis en passant par l'éducation.

L'alimentation est un moyen d'entretenir la dépendance de l'enfant à sa mère, car tant qu'il dépend encore d'elle sur le plan affectif et matériel, elle garde le contrôle. En prétextant qu'ils ne sont pas capables de faire ou ne veulent pas faire les choses seuls, des mères vont jusqu'à brider les ailes de leurs enfants… D'une certaine façon, elles disent : « Je veux voir mon enfant grandir… mais pas trop vite. » Maintenir cette relation va à l'encontre du bon développement de l'enfant. Toute la difficulté réside dans ce savant équilibre : lui donner les moyens, les capacités et possibilités de faire, et en même temps, ne pas le lâcher trop vite pour attendre qu'il soit capable de faire. Il faut que mère et enfant soient en phase entre ce qu'ils « veulent et peuvent » respectivement.

■ Entre accompagnement et indépendance

Les explications autant que les gestes sont très importants pour accompagner l'enfant dans ses apprentissages. Encore une fois, les parents disent : « Je te laisse faire, je te laisse la possibilité de faire. » Ce peut être lui tenir la main quand il en a besoin et savoir la lui lâcher quand il manifeste l'envie de faire seul, accepter qu'il salisse la nappe sans le gronder ou lui reprocher son manque d'adresse… Répétons que l'attitude de la mère a une influence sur le comportement de l'enfant. Si elle a une conduite négative, comme lever les yeux au ciel, souffler ou pouffer, une tension s'installe, et l'enfant la ressent. Il sait très bien qu'il ne fait pas ce que sa maman attend de lui mais, malheureusement, il n'est pas capable de faire mieux pour l'instant.

Pour rappeler à son enfant qu'on est là pour l'accompagner dans ses efforts d'autonomie, le mieux est de l'exprimer par des mots d'encouragements, de soutien, tels que « Vas-y, je sais que tu peux y arriver. » Il est capital aussi de banaliser l'échec de son enfant en lui disant : « Ce n'est pas grave », ce qui l'aidera à se sentir capable de faire seul, même si vous deviez lui montrer trente fois la bonne marche à suivre en lui proposant : « Regarde comment je fais et essaye de m'imiter. » Cependant, tous les enfants n'ont pas les mêmes réactions. Certains vivent très mal ce qu'ils considèrent comme un échec et ont l'impression d'avoir fait une énorme bêtise. Une pression que le parent doit alors calmer : « Mais c'est normal que tu ne saches pas encore faire ça, tu apprends. » Il l'encourage à recommencer pour réussir, tout en respectant sa personnalité. Les enfants aiment très bien faire les choses, ne soyez pas moqueur, ce serait contre-productif.

Au-delà de l'autonomie, se pose la question de l'indépendance. Quand l'enfant prend son envol, les parents retrouvent peu à peu des libertés d'adulte. Cela peut passer par la permission de partager le repas des grands, d'aller dans d'autres familles… Ce peut être aussi décider d'une nouvelle grossesse… L'autonomie de l'enfant est une ouverture vers le monde ; charge aux parents de ne pas l'enfermer dans un statut de bébé.

Les outils de PsychoEnfants

■ Sous haute protection

Plutôt que de craindre que votre enfant ne se salisse ou en mette partout dans la maison, équipez-vous ! Protégez le sol et la table avec une toile cirée, et n'oubliez pas de lui mettre un bavoir. Il serait quand même dommage d'entamer son autonomie à cause de quelques taches ! Et très vite, la serviette suffira car un enfant apprend vite !

■ Maman pique-assiette

S'il ne veut pas toucher à son plat, tant pis, sa maman se fera un plaisir de manger son assiette. En général, les petits ont un fort instinct de propriété. En voyant que sa maman veut manger son assiette en y prenant plaisir, l'enfant voudra terminer son plat juste pour ne pas laisser à maman le loisir de se l'approprier.

■ Un peu d'aide

Si manger seul tout le repas est trop difficile, allez-y par étapes. Aidez votre enfant un peu pour le plat et proposez-lui de manger seul son dessert préféré. Très fier de sa réussite, il ne tardera pas à manger également son plat tout seul.

■ Les intermédiaires

On peut imaginer partager l'assiette en deux : sur une partie, mettez des aliments qu'il peut attraper avec les doigts et dans l'autre, un aliment à donner à la cuillère. De cette façon, l'enfant gardera une forme d'autonomie, et vous aurez moins de difficultés à le faire manger à la cuillère.

■ Les petites tâches

Pour accompagner votre enfant vers plus d'autonomie au moment des repas et pour qu'il prenne de bonnes habitudes, confiez-lui différentes petites tâches. Au plus jeune, demandez de choisir la saveur de son petit pot dans une gamme que vous lui proposez. Plus l'enfant grandit en âge, plus la responsabilité s'accroît : mettre la table, débarrasser son assiette pour la déposer dans l'évier, ranger les aliments dans le réfrigérateur ou encore remplir la carafe d'eau.

■ La cible

Comme pour un jeu de fléchettes, créez une cible. Il suffit de découper un grand rond dans du carton rigide. Tracez ensuite quatre cercles du plus grand au plus petit à l'aide de feutres et coloriez-les dans des couleurs bien distinctes (vert, jaune, orange et le plus petit cercle en rouge). La partie centrale représente l'objectif que l'enfant devra atteindre. N'oubliez pas d'inscrire les objectifs dans les cercles. Ils doivent être concis et clairs. Par exemple : j'ai mangé seul et proprement ; mon assiette est vide ; j'ai demandé à maman de me donner la cuillère. Équipez-vous d'une épingle et, après chaque repas, demandez-lui de la placer sur le cercle qui correspond. Si l'endroit où il place l'épingle n'est pas exact, expliquez-lui pourquoi, et ce que vous attendez de lui pour qu'il accède à cette partie de la cible. Cette méthode permet de faire comprendre à votre enfant comment franchir les étapes pour être autonome pendant les repas. Elle fixe des objectifs et l'encourage à faire des efforts. La récompense ? Elle est convenue entre vous au préalable et s'obtient s'il arrive à rester toute une semaine dans le cercle rouge.

Je n'arrive pas à lui faire manger des fruits et des légumes

Chapitre 5

« Philaé, 3 ans, n'aime ni les fruits ni les légumes. Chaque repas est une bataille dont je ressors perdante. J'ai pourtant tout essayé : compote maison, petits pots, purée froide ou tiède… mais rien ne lui convient. La petite coquine prétend que ce n'est pas bon et elle recrache tout. Je commence à désespérer et me demande si elle va, un jour, finir par apprécier ces saveurs. »

Si, de prime abord, Philaé semble avoir un problème avec la famille des légumes et des fruits, on est en réalité face à une petite fille qui entre en pleine phase de néophobie, phase que nous allons expliquer plus loin. Marie, sa mère, a du mal à assumer ce rejet alimentaire. Pourtant, il se peut qu'elle ait conditionné ce comportement, ce qui devrait la conduire à s'interroger sur ce qui l'a motivé. On voit parfois le dégoût des parents s'exprimer si fort que l'enfant le prend à son compte de la même façon.

Tout d'abord, nous définirons ce qu'est la néophobie. Nous préconiserons alors des moyens pour vivre cette période de rejet de l'enfant le plus sereinement possible. Nous verrons également comment le comportement parental influence le comportement alimentaire de l'enfant, notamment au niveau du choix des aliments. Enfin, nous montrerons qu'il est important de faire goûter les nouveaux aliments pour les faire accepter par l'enfant.

■ La peur des nouveaux aliments

Le terme néophobie vient du grec *neos*, c'est-à-dire « nouveau » et de *phobos* qui signifie « peur ». La néophobie alimentaire est donc la peur des aliments nouveaux. Elle ne touche pas que les fruits et les légumes, mais tous les aliments nouveaux un peu forts en goût, comme certains fromages.

Entre 3 et 8 ans, les enfants deviennent difficiles à table et environ 75 % des enfants sont néophobes. Toutefois, la néophobie peut être plus marquée d'un enfant à l'autre.

L'enfant peut très bien avoir mangé de tout pendant la phase de diversification, avoir été un petit goûteur ouvert et curieux, avoir partagé ses découvertes alimentaires et soudain, refuser des aliments qu'il avait acceptés par le passé. Ses goûts vont varier. Il n'acceptera alors de manger que des aliments au goût neutre ou légèrement sucré, comme les féculents (pâtes, riz), le chocolat, les biscuits, la banane, la pomme, les gâteaux apéritifs… En réalité, il favorisera sans le savoir les aliments gras et sucrés. Par ailleurs, il restera généralement attaché à des consistances assez molles, qui se mâchent facilement, et repoussera les aliments filandreux comme les épinards. Tous les aliments un peu acides, craquants, fibreux sont à ce moment-là rejetés par l'enfant, les légumes étant donc souvent les premières victimes de la néophobie. Le problème se pose car les légumes n'ont pas d'équivalent nutritionnel. S'il rejette la viande, on peut compenser par du fromage ou des yaourts qui contiennent aussi des protéines. Même le fruit n'apporte pas les mêmes propriétés nutritionnelles qu'un légume et s'avère plus sucré.

L'apport nutritionnel des fruits et des légumes

Tous les fruits et légumes jouent un rôle dans l'équilibre de l'organisme et apportent des substances indispensables au bon développement et à la croissance des enfants. Ils contiennent généralement beaucoup d'eau et, de ce fait, s'avèrent peu caloriques tout en ayant un haut pouvoir rassasiant. On compte en moyenne 25 calories pour une portion de 100 g de légumes et environ 50 calories pour 100 g de fruits. Les fruits et les légumes sont également une source importante de fibres, garanties d'un bon transit intestinal (avec une préférence pour les fibres des fruits mieux tolérées que les fibres de certains légumes). Dans les fruits, le sucre (fructose) possède un indice glycémique (capacité de l'aliment à élever la concentration du sucre dans le sang) relativement bas et son assimilation est ralentie par les fibres. Les légumes, bien que plus pauvres en sucre, constituent avec les fruits une source importante de vitamines B et C, ainsi que de minéraux comme le calcium, le potassium, le phosphore, le magnésium, le fer et l'iode, surtout lorsqu'ils sont consommés crus.

L'exemple donné par les parents

Pour comprendre la néophobie d'un enfant, il faut déjà regarder ses parents : sont-ils difficiles, rejettent-ils certains aliments, manifestent-ils fortement leur dégoût, comment ont-ils fait pour conditionner leur enfant ?

Certains parents proposent à leur enfant des aliments qu'eux-mêmes n'aiment pas sous prétexte que cet aliment est bon pour leur santé. Un enfant qui remarque que son père ou sa mère ne mange pas la même chose que lui, ou pire, qui observe chez eux des signes de répugnance à lui faire goûter un aliment, va automatiquement le rejeter. Pourquoi en mangerait-il puisque ses propres parents n'en mangent pas ? Il n'a pas confiance. À cet âge, les enfants suivent le modèle parental et mangent parfois par mimétisme. On n'est pas face à un enfant difficile, mais face à un enfant dont les parents ont orienté ses goûts sans lui donner le choix. La manière dont on aborde les aliments est culturelle au sens du régionalisme, de la nationalité. Un enfant maghrébin ou africain n'abordera pas la nourriture comme un enfant occidental ou un enfant asiatique. La nourriture est également question de religion avec, dans certaines familles, des interdits très respectés. En grandissant, les enfants deviendront plus indépendants, feront leurs choix alimentaires en fonction des usages dans la famille et à l'école. La cantine, notamment, joue un rôle dans cet apprentissage.

■ Les bons réflexes à adopter

Sachez que les phases de néophobie sont différentes selon les enfants, mais elles restent provisoires et évolutives. Ces moments requièrent de la patience, car il faut généralement présenter sept fois l'aliment à un enfant avant qu'il accepte de le manger et le trouve bon. Une étude montre qu'un enfant acceptera un nouvel aliment parfois au bout de seize essais. S'il multiplie son refus par un « j'aime pas » sans appel et quasi automatique, ne renoncez pas et proposez-lui de goûter, avant de conclure que votre enfant éprouve un dégoût respectable pour ce nouvel aliment. « Tu dois goûter. Tu peux ne pas aimer, mais tu ne peux pas le dire sans avoir goûté. » La pertinence des arguments avancés aura sûrement raison de cette période de néophobie, et les parents ne doivent pas faiblir devant la force d'inertie de l'enfant. Goûter est un premier pas vers l'acceptation d'un nouvel aliment. En outre, il est essentiel de ne pas conforter un enfant dans son attitude.

Il ne faut cependant pas perdre de vue qu'un petit pois présenté pour la dix-septième fois peut être apprécié, mais rejeté à la dix-huitième fois. L'enfant réservera un accueil différent à un même aliment, selon la personne qui l'a préparé, la façon dont il a été accommodé, où et quand il a été goûté. Ne vous offusquez donc pas si votre enfant mange des courgettes à la cantine, mais boude les vôtres. Durant cette période, les goûts de l'enfant évoluent, s'enrichissent. Comme ceux d'un adulte qui découvre une saveur à l'occasion d'un voyage, et soudain se l'approprie avec plaisir. S'alimenter s'apparente à une initiation, quel que soit l'âge, et l'enfant fait ses premières armes avec ses parents, bien que parfois contre leur volonté.

Des purées au goût évolutif

Ingrédients pour 4 personnes :

- 400 g de pommes de terre à purée épluchées et coupées en huit
- 400 g de carottes épluchées et coupées en rondelles épaisses
- 2 gousses d'ail épluchées
- 1/2 jus de citron
- 2 cuillères à soupe d'huile d'olive

.../...

- 1 cuillère à café de cumin en poudre
- Sel, poivre

Cuisez à l'autocuiseur les pommes de terre, les carottes et 2 gousses d'ail entières. Cette purée se veut la plus simple possible et très lisse pour un tout-petit. Plus votre enfant grandit, moins vous la lisserez. Vous l'écraserez alors à la fourchette pour le familiariser à d'autres consistances.

Il est ensuite possible de parfumer la purée avec l'huile d'olive et différents aromates (citron, cumin, sel, poivre). Un à la fois et en petite quantité au début, puis en augmentant peu à peu les doses.

Faire appel au plaisir

L'aspect gastronomique peut être une aide précieuse dans l'acceptation de nouveaux aliments durant cette période d'apprentissage alimentaire que représente la période de néophobie. Les parents doivent donc veiller à présenter à leurs enfants des assiettes appétissantes. Quelle idée saugrenue de croire qu'un enfant pourrait apprécier par exemple que vous lui serviez des champignons à la crème avec une ratatouille, alors que cette association ne marche pas sur le plan gustatif.

S'il est préférable de faire goûter des aliments bruts à l'enfant, il n'y a pas de raison de se priver d'une aide pour le familiariser : par exemple, si verser 15 g de ketchup ou de sauce tomate sur 100 g de haricots verts est un subterfuge pour qu'il les mange, cela vaut le coup ! Ou encore, si l'enfant adore la purée de carottes, mais ne mange pas de tomates, on peut glisser dans sa purée un peu de tomates pour qu'il s'approprie le goût de cette nouvelle purée de carottes ! Malheureusement, cette stratégie ne fonctionne pas avec tous les enfants, et certains préféreront isoler les aliments, la purée de carottes d'un côté et les tomates de l'autre.

Et n'oubliez pas : respectez le choix de votre enfant et essayez de lui proposer ses légumes préférés. Il peut arriver qu'un enfant déteste la carotte, mais ses parents vont s'évertuer à vouloir qu'il en mange sous prétexte que ce légume est plein de vitamines et souvent bien toléré. L'important est qu'il mange des légumes, mais pas tous les légumes.

Des gâteaux aux fruits

Ingrédients pour 4 personnes :

- 50 g de farine
- 45 g de sucre + 1 sachet de sucre vanillé
- 1 œuf
- 30 g de beurre liquide
- 1 cuillère à café de levure
- Des fruits : pomme, banane, poire, baies (myrtilles, mûres…)
- Faire préchauffer le four thermostat 6 (180 °C).

Beurrez et farinez un moule à manqué pour faciliter le démoulage du gâteau une fois cuit.

…/…

Mélangez la levure à la farine pour qu'elle soit répartie de façon homogène. Fouettez l'œuf entier avec le sucre jusqu'à ce que le mélange blanchisse. Intégrez à ce mélange la farine et la levure, puis le beurre ramolli. Pour le goût, vous pouvez ajouter quelques gouttes d'essence de vanille ou 1 cuillère à café de fleur d'oranger.
Coupez les fruits et disposez-les au fond du moule. Versez dessus la préparation et enfournez pendant 20 min.
L'idée ici est d'avoir beaucoup de fruits associés à un gâteau dont la consistance ressemble un peu à une madeleine. N'hésitez pas à varier vos associations : 2 pommes et 1 banane, 1 pomme et 1 poire, 1 pomme et 250 g myrtilles, 1 pomme, 1 poire et 1 banane, 1 mangue et 1/2 ananas...

Les légumes verts, une cible facile

Concernant les légumes verts, cessons de croire que les enfants ne les aiment pas. Il est vrai que la couleur verte n'est pas assimilée à une couleur consommable par l'enfant qui l'associe à de l'herbe ou à des feuilles. De plus, les fruits et les légumes verts sont moins sucrés, plus acides et déclenchent la méfiance des enfants. Pourtant, si l'endive est blanche comme le lait, elle n'a pas non plus la cote auprès d'eux. Tout réside dans le choix et la présentation des aliments. On servira donc un cœur de laitue ou de la sucrine bien tendre, qui a le goût de l'eau, plutôt qu'une roquette, dont la saveur poivrée risque de ne pas provoquer d'enthousiasme en pleine période de rejet de nouveaux aliments. Et les légumes verts assaisonnés d'une sauce ou cuisinés en gratin devraient être appréciés. Dans le domaine alimentaire, le plus gros risque est de se fixer des barrières en se disant : « Rien ne sert de lui servir des haricots verts, il ne les mangera pas de toute façon ! » N'oublions pas que les enfants ont parfois des goûts inattendus et qu'ils aiment les mélanges qui nous paraissent bizarres… Les parents ont tendance à projeter sur leur petit enfant leur peur et leur désir. Pourquoi le priver d'épinards, alors qu'il adorerait peut-être ça avec un ajout de crème fraîche ?

L'enfant, acteur des repas

La place des enfants au moment des repas s'est considérablement modifiée au cours de ces dernières années. Ainsi, le sociologue Jean-Claude Kaufman relève qu'auparavant les enfants occupaient clairement une « position de subalternes » par rapport à celle que pouvaient avoir d'autres convives. On leur servait une cuisine simplifiée et des portions réduites. La tendance s'est largement inversée aujourd'hui. L'enfant est devenu le prescripteur des menus familiaux, donnant un avis favorable pour les plats qu'il aime et rejetant les aliments qui le dégoûtent.

▪ Source : C. Damay, P. Ezan, M. Gollety et V. Nicolas-Hemar, *Le repas : un contexte structurant dans la socialisation alimentaire : le cas des repas partagés entre enfants*, dans le cadre du projet Marco financé par l'Agence nationale de la recherche en 2011.

■ Du changement naît le rejet

L'enfant a besoin de temps pour s'acclimater à certains aliments et aux saveurs. Lui présenter des produits différents chaque jour l'oblige à faire un effort d'adaptation et peut être source de perturbations, et par là, de rejets.

C'est vers l'âge de 8 ans que le goût des enfants commence réellement à se préciser. Vous vous rendrez alors compte des progrès qu'il a pu faire sur un an : au restaurant, par exemple, votre enfant se risquera à goûter de nouveaux plats et abandonnera parfois les *nuggets* et les frites. L'enfant est rassuré sur la permanence du goût de certains plats ou aliments et reconnaît les saveurs. Il a désormais accumulé des souvenirs alimentaires. Pour lui, tout n'est simplement plus nouveau.

Les outils de PsychoEnfants

Le marché

Faites vos emplettes au marché ou au rayon fruits et légumes du supermarché avec votre enfant. Demandez-lui de choisir ses fruits préférés, faites-le toucher et sentir, proposez-lui de peser et de remplir les sacs. Les faire participer amuse les enfants et les familiarise avec les produits. Fiers de leurs choix, ils ressentent davantage l'envie de goûter ce qu'ils ont choisi, plutôt que ce qui leur est imposé. Vous pouvez également l'emmener à la cueillette ! De plus en plus de collectivités, de maraîchers proposent des cueillettes. Moyennant une participation financière, vous emportez les fruits et les légumes que vous avez cueillis. Une excellente idée de sortie alliant découverte des saveurs et plaisir de passer une journée en plein air.

Le jeu de mime

Les enfants ont tendance à calquer leurs comportements sur ceux des adultes. S'ils vous voient vous régaler d'une pêche sucrée et juteuse ou picorer du raisin, ils voudront en faire de même. Mangez alors des fruits et n'hésitez pas à montrer que vous y prenez du plaisir. Les habitudes alimentaires des parents constituent un excellent indice de ce que mangent les enfants. Ils vous observent de très près : ne sous-estimez jamais votre influence.

Opération camouflage

Si vos enfants sont réfractaires aux fruits, vous pouvez en introduire dans des recettes qu'ils aiment bien. Réalisez un gâteau au yaourt avec des abricots, mettez quelques fraises sur une crème glacée à la vanille, mélangez du fromage blanc avec de la compote et quelques céréales... L'important est de faire goûter les fruits, d'encourager une habitude, quelle qu'en soit la présentation.

Cache-misère

Les sachets de gruyère râpé vont devenir vos meilleurs alliés en cuisine. En effet, il suffit parfois de verser un peu de gruyère sur une portion de légumes pour qu'elle devienne appétissante pour les enfants qui raffolent de ce fromage. Vous pouvez aussi utiliser le gouda ou le parmesan pour les gratins, ils adorent !

Le jeu du verger

Pour familiariser votre enfant aux fruits et les associer à une idée de plaisir, jouez à un jeu de société autour du thème des fruits. Par exemple, le jeu dit du verger consiste à dessiner un arbre et un jardin sur une feuille grand format. Puis, à l'aide de la pâte à fixer, collez des images représentant différents fruits en différenciant ceux qui poussent sur les arbres et ceux qui poussent au sol. Puis, donnez-lui une petite boîte et prévenez-le qu'un corbeau rôde et essaye de manger les fruits du verger. Alertez l'enfant et criez : « Vite, vite, le corbeau arrive ! Il a faim de pommes. » L'enfant doit alors reconnaître la pomme, attraper l'image correspondante dans le jardin ou sur l'arbre et la mettre rapidement dans la boîte pour protéger le fruit. Jouez le rôle du corbeau et, s'il tarde trop à manger (comptez dans votre tête), prenez l'image et faites mine de dévorer goulûment la pomme volée.

Prêt à manger

Faites-vous offrir un bol mixeur et préparez de délicieux *smoothies* à vos enfants. Ils raffolent des fruits et yaourts à boire. Mixez avec un peu de lait quelques fraises, de la banane, un abricot ou une pomme, et le tour est joué. Servez avec une paille pour plus de fantaisie. N'oubliez pas aussi que les jeunes enfants acceptent plus facilement de manger des fruits lorsqu'ils sont déjà épluchés et coupés en petits morceaux qu'ils pourront piquer avec une fourchette ou prendre avec les doigts. Le tout est de leur présenter les fruits sous d'autres formes et de leur faciliter l'ingestion car, la plupart du temps, c'est la consistance des fruits et des légumes qui les rebutent plutôt que le goût.

Le cache-cache des saveurs

Préparez plusieurs purées, bandez les yeux de votre enfant (qui aura idéalement plus de 3 ans) et essayez de lui faire deviner ce qu'il mange. Guidez-le avec des indices et demandez-lui s'il trouve ça bon avant de lui révéler de quoi sa purée est faite. Le mieux étant d'alterner les saveurs familières, qu'il reconnaîtra facilement, avec d'autres saveurs totalement nouvelles ou qu'il a déjà testées sans les apprécier.

Les légumes magiques

Expliquez aux plus petits les pouvoirs magiques des légumes. Par exemple, dites-leur que les lentilles sont pleines de fer et les rendront forts comme leur super-héros ; que la betterave peut transformer tout ce qu'elle touche en rose et que s'ils se brûlent, la pomme de terre calme la douleur... Autant de façons de leur faire connaître ces légumes qu'ils craignent encore un peu.

Comme un héros

Pour motiver votre enfant de plus de 2 ans à manger des légumes, dites-lui qu'à midi il est Bugs Bunny et qu'il doit grignoter ses carottes comme le fameux lapin. Demain, il sera Popeye et finira sa boîte d'épinards. La semaine prochaine, il sera Ratatouille, le petit rat qui mange de la ratatouille. Pris alors dans le jeu de rôle, il terminera son assiette sans même penser à ce qu'il mange.

Un mini-potager

Pourquoi ne pas faire cultiver à votre enfant quelques légumes ou aromates ? Si vous n'avez pas de jardin, il est toujours possible de planter un pied de tomate cerise en pot sur votre balcon, un plan de ciboulette, de basilic… ou de laisser pousser chez vous des lentilles. Votre enfant sera fier de trouver sur la table ce qu'il a planté et arrosé ! Bien sûr, la production sera certainement insuffisante pour nourrir toute la famille, mais rien ne vous empêche de cacher une boîte de lentilles dans le placard et de les lui présenter comme les siennes.

Tête de linotte

Faites des repas des moments de joie en jouant la maman tête en l'air ! « Oups ! J'ai glissé une feuille de salade dans ton sandwich » ou « Oh, je me suis trompée, j'ai pris des bananes pour des barres chocolatées. » Votre enfant s'amusera de vos étourderies, et, pour ne pas vous accabler, mangera ce que vous lui donnez, bien trop content que sa maman se trompe aussi !

À toutes les sauces

De la même façon que vous préparez un apéritif, préparez différents bols de légumes cuits ou crus pour votre enfant (et pour vous aussi) composés de bâtonnets de carottes, de concombre, de petits morceaux de pommes de terre, de cœur d'artichaut, de brocolis cuits… Au centre de la table, installez différentes petites sauces : mayonnaise, crème fraîche aux herbes, sauce curry, ketchup… Votre enfant trempera ces petits morceaux dans les différentes sauces, cela l'amusera et le changera des légumes servis sans assaisonnement dans son assiette. Sans compter que les enfants raffolent généralement des sauces et qu'ils découvrent, par la même occasion, d'autres saveurs qui ne masquent pas complètement celles des légumes.

Mon enfant refuse de manger, je culpabilise

Chapitre 6

« Enzo, 3 ans et demi ne mange pas, il n'a pas d'appétit. Dès qu'il passe à table, il pleure et se plaint de maux de ventre. Lui qui aimait bien le sucré se met maintenant à pleurer au goûter ! Au début, son père et moi pensions qu'il jouait la comédie, mais nous nous sommes aperçus qu'il avait aussi des problèmes à la cantine. Parfois, il ne mange que deux yaourts et une compote dans une journée. Nous commençons à nous inquiéter, car il est souvent constipé. Quant à moi, essayer de le faire manger m'épuise, alors parfois je lâche tout et j'abandonne après l'avoir fait injustement culpabiliser. »

À bout de force, cette mère souffre de ne pouvoir alimenter son fils et déprime. Cette jeune femme met toute son énergie à essayer de faire manger son enfant, alors qu'il suffirait qu'elle prenne un peu de distance avec cet enjeu alimentaire pour apaiser la situation. C'est ce qu'on appelle aussi le « lâcher prise ». Pour l'enfant, manger est le souci vital de sa mère, une inquiétude intenable pour lui. Le moyen de redonner à l'enfant le choix de manger ce qu'il veut et à son rythme passe par un renoncement de la mère à cet enjeu. Tenter de ne pas s'inquiéter est très important, l'enfant le sentira très vite. Et, dans un premier temps, réduire le contenu de son assiette l'aidera. On voit parfois l'inquiétude des parents se manifester avec une telle force qu'ils provoquent eux-mêmes le problème : « Je suis sûre que tu vas encore jouer la comédie pour ne pas manger… ! » Avec de tels propos, il ne faut pas s'étonner que l'enfant ne mange rien !

Abordons ensemble les raisons qui peuvent pousser un enfant à refuser de s'alimenter. Nous verrons aussi ce que les parents doivent effectuer pour aider leur enfant à retrouver l'envie de se nourrir et éviter que les repas tournent au cauchemar.

L'effet Pygmalion

Il s'agit d'un phénomène d'influence qui explique que ce que nous observons tend à correspondre à ce que nous souhaitons. Dans le cadre des repas, à force d'anticiper ou de réagir comme si l'enfant n'allait pas manger, il peut ne pas manger.

Refus de s'alimenter : un signal d'alarme

Le refus de s'alimenter de la part d'un enfant de 3 à 5 ans peut avoir des causes très nombreuses : opposition aux parents, difficultés à s'adapter à l'école, compétition dans la fratrie, jalousie… Cela traduit un malaise qui doit alerter les parents. Ces comportements se distinguent des troubles alimentaires dont nous avons parlé au chapitre 5. Ce sont des troubles psychiques qui révèlent une souffrance, qu'il s'agisse d'un lien défectueux entre la mère et l'enfant, d'une situation familiale douloureuse comme un deuil, un abandon, un secret de famille… Le fait est que l'enfant ne mange plus, alors qu'il pourrait avoir des copains, jouer et bien réussir à l'école. Si le refus de s'alimenter dure, que l'enfant perd du poids ou que sa courbe de croissance stagne, il est indispensable de consulter un médecin, car un enfant n'a pas de réserves et se déshydrate vite.

Le comportement alimentaire, c'est scientifique... mais pas uniquement !

Ce sont des informations organiques qui déclenchent la sensation de faim. Le corps a besoin de glucose pour fonctionner. C'est le carburant énergétique des muscles, du cerveau et des globules rouges. Lorsque le corps manque de glucose, la faim survient. Même si manger répond à un besoin physiologique motivé par des nécessités d'ordre énergétique, la prise alimentaire reste un comportement volontaire pour l'enfant dès qu'il acquiert la conscience de soi et de ce qu'il fait vers 18 mois. Ainsi, pour que l'enfant mange, deux éléments doivent être combinés : le besoin physiologique (faim) et la motivation (envie de manger). L'enfant peut donc exercer un contrôle conscient sur son comportement alimentaire. S'il a compris qu'il était dans son intérêt de refuser le repas, parce qu'il aura ce qu'il veut plus tard, sa volonté va lui permettre de tempérer son appétit.

Faire le point sur ce qu'il mange et boit

Heureusement, le refus total de s'alimenter est relativement rare. Il faut être particulièrement attentif aux mamans qui disent « mon enfant ne mange pas » ou « mon enfant ne mange pas grand-chose », car elles ont souvent une image déformée de la réelle consommation de leur enfant. Lorsqu'elles mesurent véritablement ce qu'il mange, entre le biberon qu'il boit encore et le jus d'orange, elles se rendent compte qu'il se nourrit. Les enfants font généralement un blocage sur le repas principal, et c'est ce que les parents retiennent.

La première chose à se demander en tant que parent est : « Est-ce que mon enfant a vraiment un problème alimentaire ? » Si oui, la seconde question est : « Quel autre problème ce refus alimentaire souligne-t-il ? » Pour le savoir, le mieux est de noter dans un carnet tout ce que l'enfant mange et boit, car les boissons (type lait, jus de fruits, sodas) relèvent de la nourriture par les sucres, protéines ou lipides qu'elles apportent. Le lait est riche en protéines, lipides et glucides et les jus de fruits et sodas sont très riches en glucides. Pour ne pas s'affoler, les mamans doivent essayer de ne pas faire de raccourcis trop rapides en se basant sur une simple impression. Parfois, un enfant ne déjeune pas à table, mais va prendre à côté un yaourt, se rattraper sur le goûter ou prendre un copieux petit-déjeuner… Finalement, si on totalise ses prises alimentaires quotidiennes, elles sont suffisantes pour lui assurer une bonne croissance physique, ce qui se produit dans la majeure partie des cas.

Les portions idéales des jeunes enfants

Au cours d'une journée, les enfants de 2 à 3 ans devraient manger 4 portions de fruits et de légumes, 3 portions de féculents, 2 portions de lait ou d'un substitut, et 1 seule portion de viande ou d'un substitut. Dans le cas des enfants de 4 ans à 8 ans, ces portions sont portées respectivement à 5 portions de fruits et légumes, à 4 portions pour les féculents, les légumes et les fruits, à 2 portions de lait ou d'un substitut et à 1 seule portion de viande ou d'un substitut. Rappelons toutefois que les portions idéales d'un enfant sont celles qu'il réclame ! Une portion pour les féculents, les légumes et les fruits correspond à l'équivalent d'une demi-tasse, soit 75 g.

Comprendre son refus

Le refus de s'alimenter est un problème courant, mais souvent mal vécu par les parents qui ne comprennent pas pourquoi leur enfant refuse de manger ce qu'ils ont préparé pour lui.

Les enfants dont le manque d'appétit est provisoire, tout comme ceux qui sont petits et minces, voire maigres, et qui mangent très peu au regard de ce qu'attend l'adulte, ne sont pas en danger. Tant qu'ils continuent leur croissance, jouent, bougent et ont des amis… Le refus de manger est davantage l'expression d'une protestation contre une situation qui ne leur convient pas. Cela peut être dû à une mauvaise ambiance à table, au fait qu'on veuille les forcer à manger des aliments qu'ils n'aiment pas, un manque d'attention de la part de leurs parents au moment des repas. Par exemple, il y a des enfants qui mangent seuls parce que les parents sont occupés à préparer le repas des plus petits ou parce qu'ils rentrent tard du travail. Ces mêmes enfants vont bien manger le dimanche lorsque la famille prend le temps de déjeuner, mais ils n'avaleront rien en semaine. Le refus alimentaire exprime alors que ce mode de fonctionnement perturbe l'enfant avec la plainte sous-jacente qu'il ne voit pas assez ses parents. Cela peut aussi tout simplement signifier que l'enfant n'a pas faim. Le fameux « tu veux manger ? » est une question à bannir, car elle ne l'aide pas. Si la mère a pris la décision qu'il était l'heure de manger, il faut se mettre à table même si l'enfant prétend ne pas avoir faim.

Pour comprendre ce qui se joue dans certaines situations, il faut prendre du recul. L'investigation doit alors être menée par une personne qui a un regard distancier. Cela est vrai pour les repas qui se déroulent en famille, mais aussi pour les enfants qui mangent seuls.

La *no-win confrontation*

L'enfant qui refuse de manger est une situation très fréquente. Elle entre dans le cadre de ce que les Anglo-Saxons appellent avec raison une *no-win confrontation*, c'est-à-dire, une lutte sans espoir de gagner.

Les aspects psychologiques du refus

Il est normal qu'un enfant dise « non » quand il ne veut pas ranger sa chambre, ou aller se coucher, ou faire un bisou à sa maman, mais il n'est pas normal qu'il refuse de manger. Absorber de la nourriture est un besoin. À table, un enfant peut s'opposer un jour, puis finir son assiette sans problème le lendemain. Sans compter que, vers 3 ou 4 ans, intervient aussi le problème de la néophobie (voir le chapitre précédent), où l'enfant éprouve des difficultés à accepter des aliments nouveaux. Le parent ne doit pas tout de suite penser au pire : « Mon enfant est-il malade, mal dans sa vie, à table ? A-t-il des problèmes dans son développement ? » Non ! Pour aller contre ses inquiétudes, le parent doit d'abord considérer l'aspect physiologique et se demander s'il mange assez pour bien grandir. Ensuite, il se posera la question de la néophobie : « Est-ce que mon enfant change d'avis, est-ce qu'il ne mange pas de raisins, mais mange des pommes ; pas de yaourt, mais boit du lait ? » Auquel cas, un aliment se substituant à un autre, le parent est sûr que l'enfant ne manque de rien. Si le refus alimentaire est plus marqué, avec de vrais refus et s'il est impossible de lui faire manger ne serait-ce qu'une bouchée, trois axes de réflexions sont possibles.

Troubles de l'alimentation et développement de l'enfant

Une étude menée en 2005 par le Centre d'excellence pour le développement des jeunes enfants révèle que les troubles de l'alimentation sont une des perturbations du développement les plus courantes chez les nourrissons et les jeunes enfants qui n'ont pas d'autres problèmes de santé. Ainsi, près de 25 à 28 % des nourrissons de moins de 6 mois, 24 % des enfants de 2 ans et 18 % de ceux de 4 ans souffrent de troubles de l'alimentation, d'après leurs parents. Sur le plan clinique, il arrive souvent que ni la mère ni le pédiatre ne soient conscients des raisons sous-jacentes à ces comportements alimentaires problématiques.

▪ Source : M. Ramsay, « Capacité à s'alimenter, appétit et comportements alimentaires des nourrissons et des jeunes enfants et impacts sur leur croissance et sur leur développement psychosocial », *in* Tremblay RE, Barr RG, Peters RDeV, eds., *Encyclopédie sur le développement des jeunes enfants*, Montréal, Québec : Centre d'excellence pour le développement des jeunes enfants, 2005.

■ Le refus, signe de désapprobation

L'enfant, en refusant de se nourrir, peut marquer sa désapprobation, son opposition, sa contestation ou son désaccord par rapport à un mode de fonctionnement.

Cherche-t-il à avouer quelque chose à ses parents ? Dans ce cas, seul un pédopsychiatre ou un nutritionniste peut apporter des éléments pour expliquer le comportement de l'enfant et le soulager. Pour ce faire, le pédopsychiatre peut conseiller aux parents de lâcher du lest ou de mettre en place différentes méthodes qui les aideront à constater une amélioration. Prenons le cas d'une maman qui a connu beaucoup de problèmes avec sa fille, notamment quand sa nounou était tombée malade, et qu'une autre nourrice l'avait remplacée. Au retour de la première nounou pour garder la petite, celle-ci manifeste du plaisir à la retrouver, lui tend les bras le matin, mais ne mange plus rien, y compris les aliments qu'elle adore. Pourtant, la fillette continue de bien manger chez elle. Cette situation évoque le fait que la petite n'a pas compris ce changement de nounou ou qu'elle avait trouvé un autre mode de fonctionnement avec la seconde nourrice, décrite comme plus sévère. On est sans doute face à une enfant qui est en recherche d'autorité. En allant plus loin, on se rend également compte que ses parents ne lui avaient pas expliqué les raisons de tous ces changements. Elle manifeste alors sa désapprobation, et son refus de manger est une protestation face à cette situation perturbante.

On rencontre également des enfants qui ne mangent rien dans les familles qui dînent vers 21 h 30. À cette heure, un enfant de 3 ans n'a plus faim, car il est épuisé. Il pense à son lit et n'a plus envie de manger. L'école joue d'ailleurs un rôle de cadrage sur le rythme alimentaire de l'enfant. Tout petits, les enfants se lèvent à 7 h 30 et prennent leur petit-déjeuner pour aller à l'école. Ils déjeunent à la cantine vers 11 h 30 car ils ont déjà faim. Puis vers 15 h, ils goûtent. Le dîner doit donc avoir lieu à 19 h 30 dernier délai. On peut envisager de décaler ces rythmes, mais seulement en période de vacances. Dans ce cas, il suffit de laisser l'enfant gérer ses portions et ses rythmes pour qu'il retrouve l'envie de manger. N'oublions pas que chaque enfant est un individu à part entière, chaque refus alimentaire a donc une cause distincte.

■ Le refus, signe d'opposition

Si les parents tolèrent mal la manière dont l'enfant mange, celui-ci va alors petit à petit entrer en opposition avec ses parents. Il arrive en effet que certains parents soient dépités par le fait que leur enfant ne mange pas plus, déçus qu'il ne soit pas aussi goûteur qu'eux… Ils créent alors un conflit qui peut se régler en renonçant à l'enfant idéalisé, en acceptant de prendre du recul par rapport à la situation et en désinvestissant l'aspect émotionnel du repas. Il leur faut dénouer les tensions pour que l'enfant puisse reprendre son habitude de mangeur, retrouve son autonomie, un moyen facile pour faire comprendre à ses parents qu'il n'est pas comme eux. Si une mère n'arrive pas à prendre de la distance par rapport à cette situation conflictuelle, il faut qu'elle consulte. Bien souvent, l'intervention d'un médiateur est nécessaire, ce qui peut renforcer encore le sentiment d'incapacité de la mère, mais c'est une obligation pour que les choses s'apaisent entre les parents et leur enfant.

■ Le refus, signe d'un état de souffrance

Le refus de s'alimenter peut aussi traduire un état de souffrance profond de l'enfant. Renoncer à se nourrir est le symptôme d'un mal-être émotionnel, comme d'autres pourraient tomber malades. S'alimenter touche à sa sécurité ; pour lui, c'est vital. Par ce stratagème non intentionnel, l'enfant tente d'attirer l'attention de ses parents sur lui ou de les ressouder autour de lui s'il perçoit un problème entre eux. Un enfant qui ne mange pas inquiète ses parents. Ceux-là vont alors focaliser leurs réflexions davantage sur le problème alimentaire que sur leurs problèmes conjugaux. C'est ce que nous appelons, en psychologie, un bénéfice secondaire et indirect. Si un enfant, par le biais de l'alimentation, exprime un mal-être, il pourra manger une fois pour faire plaisir à sa mère, mais pas à chaque repas. Cela le place dans une situation encore plus douloureuse, car il voit sa mère en perdition et se sent responsable de son chagrin, mais, pour différentes raisons, il n'arrive pas à manger. Il faut alors s'interroger sur ces manifestations psychosomatiques : quel est le degré de souffrance de l'enfant ? S'il est trop élevé, cela le conduit-il à une anorexie ? Pour tenter d'y remédier, il est conseillé d'envisager une thérapie familiale.

■ Apprendre à calmer ses angoisses

Le refus alimentaire d'un enfant est typiquement une problématique maternelle. Il est facteur d'angoisse chez les mères, car au même titre qu'elles idéalisent leur enfant, elles se sont créé un idéal de mère. Or, dans ce cas, avoir un enfant qui mange bien signifie qu'il va bien. Aucune raison alors de s'inquiéter, puisqu'il est en pleine forme. Au contraire, un enfant qui ne mange pas ou peu alerte immédiatement. Une mère ne se retournera jamais vers le père en lui disant : « Mais tu as dû lui préparer des plats qu'il n'aime pas pour qu'il ne mange rien… » Elle est tout de suite dans l'interprétation et pense : « Mais qu'est-ce que j'ai fait pour qu'il aille mal ? » Elle remet en question ses capacités à être une bonne mère, même si elle a passé avec brio les étapes précédentes de l'alimentation. Traditionnellement, c'est à la mère de nourrir l'enfant, même lorsque c'est le père qui s'en charge. Pour preuve, on dit « une mamie gâteau », « un plat de maman ». Quand la santé de l'enfant n'est pas en jeu, le papa, lui, arrive souvent à prendre de la distance, à mieux lâcher prise. La mère doit admettre qu'elle n'est pas parfaite, faire des compromis, accepter les conflits, aider son enfant à aller vers l'autonomisation, à prendre des responsabilités, et de ce fait accepter de perdre une part de sa propre autonomie. Ses inquiétudes au sujet de l'alimentation de l'enfant sont parfaitement normales. Le problème se pose lorsque le désarroi de la mère a des conséquences sur le comportement de l'enfant, qu'il alimente la posture de l'enfant. Par exemple, quand une maman crie, pleure ou fait du chantage à son enfant pour qu'il mange, elle risque d'obtenir le résultat inverse. Si vous criez après un enfant qui a peu d'appétit, comment voulez-vous qu'il sente que vous comprenez ce qu'il tente de vous dire avec ses petits moyens à lui ?

Aux cris, préférez la parole calme et constructive : prenez l'enfant par la main, asseyez-vous face à lui et regardez-le dans les yeux en l'interrogeant sur son ressenti : « Pourquoi refuses-tu de te nourrir ? Qu'est-ce qui ne va pas ? À quoi est-ce lié ? » Face à une attitude calme mais ferme, l'enfant pourra se livrer.

Passé 4 ou 5 ans, l'enfant a d'autres moyens d'exprimer son inconfort psycho-affectif. La parole reste néanmoins importante alliée à la fermeté et au rappel des règles.

Les outils de PsychoEnfants

■ Le cours de cuisine

Pour redonner envie de manger à un enfant, rendez la cuisine ludique en lui faisant découvrir les ustensiles et laissez-le s'approprier l'espace. Une fois par semaine, le dimanche par exemple, organisez des cours de cuisine avec votre enfant. Pour rendre le jeu plus attrayant, vous pouvez lui acheter un tablier et une toque comme les grands chefs. Choisissez avec lui l'entrée, le plat ou le dessert qu'il souhaite réaliser à partir d'un livre de recettes, puis mettez-vous au fourneau. Les enfants retirent beaucoup de satisfaction à contribuer à la préparation des repas et sont extrêmement fiers de manger ce qu'ils ont préparé. Les jeunes enfants qui passent du temps en cuisine sont aussi moins intimidés par les nouveaux aliments et donc, beaucoup plus enclins à les goûter. Au cours du repas, n'hésitez pas à féliciter votre enfant pour ses talents culinaires !

■ Le dialogue

Choisissez un moment en dehors des repas pour aborder le sujet de la nourriture avec votre enfant. Essayez de savoir s'il refuse de manger juste pour vous contredire ou si se cache derrière un problème plus profond comme une souffrance, un mal-être.

■ L'esprit de compétition

Invitez ses amis du même âge à la maison (ceux dont vous savez qu'ils ont bon appétit de préférence). Par jeu de miroir, votre enfant voudra certainement faire comme ses copains et se mettre à manger. Si son assiette reste pleine, vous pouvez organiser un concours avec ses amis à « qui mangera le plus vite ? », avec récompense à la clé comme le choix de l'activité de l'après-midi pour le vainqueur. Félicitez aussi ses petits camarades qui mangent bien. Voulant aussi sa part de félicitations, il fera sans nul doute des efforts pour s'alimenter, car pour votre enfant, il est important que vous soyez fier de lui.

Double face

Si votre enfant refuse de manger, cachez votre contrariété. Il comprendrait immédiatement qu'il peut exercer une pression sur vous par le biais de la nourriture. Prévenez-le 5 minutes à l'avance que vous allez retirer son assiette et qu'il n'aura rien jusqu'au prochain repas. S'il persiste dans son refus, retirez-lui son assiette sans faire de commentaires, en lui rappelant que c'est son choix.

Le dessin

Inspirez-vous de la technique utilisée par Françoise Dolto avec ses jeunes patients. Proposez à votre enfant de dessiner son assiette préférée (dans laquelle il aimerait voir ses aliments favoris) ou de dessiner ce que représente le moment des repas. Ce procédé permet à l'enfant d'exprimer par le dessin ce qu'il n'arrive peut-être pas à dire de vive voix, ce qui vous permettra de détecter certains problèmes. Par exemple, le père est-il présent au moment des repas ? L'enfant s'est-il dessiné lui-même ? Quelle est l'expression des visages ? À défaut, vous découvrirez dans ses dessins ses aliments favoris et ses envies. Vous pouvez également lui demander de dessiner ce qui lui ferait plaisir de manger aujourd'hui.

Le carnet de note alimentaire

Faites un état des lieux des prises alimentaires de votre enfant en inscrivant consciencieusement, chaque jour, et pour chaque repas, ce qu'il mange et ce qu'il boit, excepté l'eau. Vous pourrez ainsi vous rendre compte si le problème est réel et met ou pas votre enfant en danger. Ce carnet vous permettra également de voir quel repas et quelle catégorie d'aliments il a tendance à bouder. Enfin, cela vous rassurera de voir que, par exemple, s'il n'a pas croqué de fruit de la journée, il a en revanche bu deux verres de jus ; que si le déjeuner s'est mal passé, le goûter a eu du succès.

Je ne sais pas lui dire non

Chapitre 7

« À chaque repas, c'est la même chanson… Je prépare avec amour un bon petit plat à mon fils de 3 ans et demi, et une fois l'assiette posée sur la table, il chantonne des non, non et non avec le signe de tête qui l'accompagne. À partir du moment où l'assiette ne se compose pas exclusivement du trio gagnant pâte, riz ou pomme de terre, il refuse d'y toucher. Je préfère ne pas trop insister, donc je reprends le plat et lui tends une assiette de pâtes pour qu'il accepte de manger. Je n'ai pas envie d'entrer en conflit avec mon enfant pour une question de nourriture. »

Plusieurs interprétations sont possibles face à un enfant qui refuse l'assiette de sa mère. Refuse-t-il le contenu de l'assiette parce que l'odeur ou la vue des aliments ne lui plaisent pas ? Repousse-t-il cette assiette parce que les règles de la table n'ont pas été clairement posées ? Il faut se demander à quoi l'enfant dit non. Dit-il non à l'assiette que sa mère lui tend, ou refuse-t-il quand bien même sa mère manifeste son désarroi ? On voit là une mère qui a peur de s'opposer à son enfant puisqu'elle change son assiette sans broncher. C'est une maman qui n'a pas appris à poser de limites à son enfant et qui délaisse son rôle de mère éducatrice au profit de celui de mère nourricière.

Tentons tout d'abord de décoder les « non » de l'enfant devant son assiette. Nous expliquerons ensuite pourquoi il est difficile pour certaines mères de se tenir dans un rôle éducatif, afin de les aider à s'affirmer face à leur enfant.

■ Le « non » d'opposition

Lorsqu'un enfant émet sans cesse des refus, on dit qu'il est en phase d'opposition. Cette phase commence très tôt, vers 8 mois. L'enfant prononce alors des « non » plus par mimétisme que par réelle intention de s'opposer. Il reproduit ce qu'il a entendu. Puis, à partir de 2 ans, les « non » expriment un refus catégorique. En s'opposant à ses parents, il cherche à s'affirmer en tant qu'individu qui revendique son libre arbitre et son indépendance. Il montre qu'il grandit. Son « non » devant l'assiette peut aussi signifier que la manière dont se déroule le repas ne lui convient pas.

■ Le « non » de caprice

Bien souvent les parents capitulent devant les « Non, non, non, je veux pas, je veux pas, je veux pas ! », un refus qui s'apparente davantage à un caprice d'enfant. Pourtant, ces « non » ne signifient rien. L'enfant dit « non » comme il aurait pu dire « Oui, zut » ou « Je t'aime pas, t'es méchant ». L'enfant se sert du « non » comme d'une arme susceptible de percer la carapace affective du parent pour arriver à ses fins. En l'occurrence ici, il veut manger des pâtes.

■ Le « non » d'expérimentation

Dans ce cas, l'enfant teste sa mère dans un premier temps. Il cherche à savoir quelle va être sa réaction s'il ne répond pas à son attente. En agissant ainsi, l'enfant recherche des limites et, s'il y en a, il va en chercher les bornes, voire les dépasser, juste pour vérifier ce qui se passe. Il faut savoir que les limites sont nécessaires à la construction d'un enfant, elles le structurent. Elles sont le moule dans lequel l'enfant va évoluer, prendre forme. Lorsqu'un enfant tente de s'en affranchir, c'est pour que ses parents lui rappellent ce qu'il est ou non possible de faire. Comprendre une telle attitude n'est pas évident pour les parents, mais s'ils précisent les limites à ne pas franchir et lui en expliquent les raisons, l'enfant sera immédiatement rassuré. Toutefois, un parent ne doit pas se sentir obligé de justifier tous ses dires. Une mère peut imposer une règle à son enfant simplement parce qu'elle l'a décidée. C'est aussi ça, le rôle de parent éducateur.

■ Le « non » de provocation

L'enfant peut aussi dire « non » par jeu, par provocation, tout comme un enfant qui fait tomber sa cuillère maintes fois par terre, alors qu'on lui a dit cent fois de ne pas la jeter. Lorsqu'on lui explique qu'on ne la ramassera plus, il se met à hurler. Pourtant, c'est à ce moment-là que l'enfant commence à comprendre qu'il ne peut pas continuer indéfiniment. C'est la manière dont le parent va répondre aux provocations de l'enfant qui déterminera le bon déroulement ou non du repas. Dans l'exemple présenté, la mère ne répond pas, elle ne sait qu'obéir à ce « non », et finalement, c'est l'enfant qui dicte sa loi.

Savoir tenir son rôle de parent éducateur

Pour réinvestir son rôle de mère qui éduque et pose des limites, il est important de savoir qu'éduquer est nécessaire et permanent. Sachons aussi qu'un enfant est capable d'identifier la moindre faille du parent et qu'il s'y engouffre souvent. Prenons l'exemple d'un enfant à qui on laisse regarder la télévision dix minutes par jour. Une fois, parce que ça vous arrange, vous lui accordez cinq minutes de plus. Le lendemain, si vous n'avez pas souligné le caractère exceptionnel de cet arrangement, votre enfant exigera à coup sûr une rallonge. Si vous lui refusez, il demandera alors : « Pourquoi hier et pas aujourd'hui ? » Cela vous place dans une situation embarrassante, car vous devez répondre à cette question avec une certaine logique. Être parent est un travail difficile ! Pour ce qui concerne l'alimentation, c'est encore plus vrai, car on ne peut pas supprimer les repas comme on prive un enfant de la télévision. Un enfant mange quatre fois par jour. Autant d'occasions qui peuvent placer le parent dans des situations délicates et nécessiter un traitement spécifique, d'où l'intérêt de bien poser des règles.

Les règles qui régissent le champ alimentaire sont multiples. On nourrit son enfant pour qu'il grandisse et grossisse, mais c'est aussi l'occasion de l'éduquer, de lui donner des repères, des valeurs humaines, de l'aider à s'intégrer socialement pour aller manger chez les autres, en lui apprenant la politesse, la tenue à table… Ce n'est pas seulement le contenu de l'assiette qui importe, mais l'ensemble du contexte qu'il faut prendre en considération. Par exemple, le fait d'avoir mangé « bio » à la cantine poussera l'enfant à demander ce qu'est le bio, pourquoi on en mange à l'école et pas à la maison. L'alimentation est un des champs à travers lequel le parent transmet à son enfant les clés nécessaires à son éducation : il lui parle ainsi de ses valeurs, de ses modèles, de ses références. Les parents qui autorisent leur enfant à manger ce qu'il veut quand il veut ont raison, tant que c'est un choix assumé et que cela ne leur pose pas de problème.

Quelle mère nourricière êtes-vous ?

1. Petite, vos parents vous disaient :

a. « Goûte et tu me diras si tu aimes ou pas. » ☐

b. « Finis ton assiette ! » ☐

c. « Tu as faim ma chérie ? » ☐

2. Ce soir, votre enfant n'a pas faim, vous pensez :

a. Il a dû bien manger au goûter, ça arrive... ☐

b. Il ne va pas bien. ☐

c. « Tu ne veux même pas un petit gâteau ? » ☐

3. Vous faites vos courses, que contient votre caddie ?

a. Des pâtes, des légumes, des yaourts, de la viande et du poisson en sauce... Vous privilégiez la diversité ! ☐

b. Céréales bio, produits peu sucrés, poisson frais, vous regardez les étiquettes... Vous privilégiez la nourriture saine ! ☐

c. Plats cuisinés, gâteaux, fromage, poisson pané... Vous privilégiez les goûts de vos enfants. ☐

4. Votre enfant refuse de manger ce que vous lui avez préparé :

a. « Très bien, si tu ne manges pas le plat, on passe à la suite du repas mais sache que je ne te donnerai rien d'autre jusqu'au goûter. » ☐

b. C'est de ma faute : j'ai dû le contrarier. ☐

c. « Ce n'est pas grave, maman va te préparer une bonne assiette de pâtes comme tu les aimes. » ☐

5. Au petit-déjeuner, vous lui servez :

a. Céréales ou tartines, lait ou yaourt, jus de fruits ou compote, cela dépend des matins et de ses envies... ☐

b. Un bol de lait, un verre de jus d'orange, deux tartines de pain complet avec de la confiture : vous suivez les recommandations à la lettre. ☐
c. Rien. Il prend ce dont il a envie... et s'il n'a pas faim, vous lui mettez des gâteaux dans son sac. ☐

6. Il met les doigts dans son assiette, votre réaction :

a. « Tu peux manger tes haricots verts avec les doigts si tu veux mais pour le reste, utilise ta cuillère comme maman ! » ☐
b. « Mais tu vas t'en mettre partout ! Attends, maman va te donner la cuillère... » ☐
c. Et alors ? ☐

7. À table, qui mène la danse ?

a. Votre mari et vous ☐
b. Vous ☐
c. Votre enfant ☐

8. Au moment du repas, l'orage gronde, que faites-vous ?

a. Vous passez à autre chose et faites bonne figure, la table n'est pas le lieu pour gérer les conflits. ☐
b. Vous tentez de régler le problème calmement. ☐
c. Vous crevez l'abcès entre le plat et le dessert, de toute façon il faut bien mettre les choses à plat à un moment. ☐

9. Le dîner de famille, chez vous, c'est :

a. Le plus souvent possible. Vous profitez de ce moment pour discuter et échanger. ☐
b. Obligatoire et dans le calme : à 19 h, chacun à sa place. ☐
c. Rare : les enfants ne restent jamais bien longtemps assis à la table. ☐

10. Comment vous nourrissez-vous ?

a. Avec plaisir, sans privation ni excès. ☐
b. Avec modération. Vous êtes souvent au régime. ☐
c. Avec indifférence, vous vous adaptez aux envies de votre enfant. ☐

Résultats

Majorité de a
Vous êtes une mère nourricière démocratique

Côté astuces de mamans, vous êtes incollable ! Bien sûr, comme toutes les mères, vous êtes encore en proie aux doutes et n'avez toujours pas trouvé la recette miracle pour lui faire manger de tout sans sourciller, mais dans l'ensemble vous vous en sortez. Peut-être parce que dans votre enfance, l'alimentation n'a jamais été un sujet de discordes et que vous n'avez jamais ressenti de pression face à l'assiette. Vous avez compris que le rôle maternel ne se limite pas à celui de nourrir son enfant. Vous n'avez plus peur d'affirmer votre autorité à table, car vous savez que la santé et l'éducation de votre enfant sont en jeu. Enfin, l'alimentation est pour vous un plaisir qui se transmet, et la table un moment convivial.

Majorité de b
Vous êtes une mère nourricière inquiète

Dès que tout ne se passe pas à table comme vous l'aviez imaginé, la panique vous envahit. Peur qu'il mange trop, pas assez ou mal... Toutes les raisons sont bonnes pour mettre en doute vos capacités à être une bonne mère. Pour calmer vos peurs, vous compensez en essayant de tout contrôler (menu, horaire, façon de manger), mais lorsque ça ne marche pas, votre désarroi est total. Peut-être entretenez-vous un rapport dysfonctionnel avec la nourriture ? Vos angoisses risquent de se reporter sur votre enfant, ce qui ne ferait que renforcer le comportement qui vous inquiète. On ne peut que vous conseiller de prendre un peu de distance.

Majorité de c
Vous êtes une mère nourricière indulgente

Que votre enfant renverse son assiette, quitte la table ou refuse de manger autre chose que des pâtes, du riz ou des pommes de terre vous énerve, mais vous n'arrivez pas à vous imposer face à votre enfant. Vous craignez qu'en lui refusant un comportement alimentaire ou certains aliments, celui-ci ne mange pas ou pire, vous en veuille. Alors pour ne pas le braquer, vous cédez. Pourtant, un enfant a besoin de repères, y compris dans le domaine alimentaire. Vous êtes sa mère, son exemple, à vous de lui montrer comme un repas en famille peut être agréable et que les légumes peuvent être aussi délicieux. Si vous voulez que votre enfant devienne un mangeur équilibré, on ne peut que vous conseiller de vous affirmer !

Pourquoi abdiquer face aux refus de son enfant ?

Pour partie, une mère qui renonce à son autorité a bien souvent peur que l'enfant reste le ventre vide. Trop d'autorité risquerait, selon elle, de nourrir davantage le refus de l'enfant. Cette peur est infondée bien sûr, puisqu'un enfant ne se laissera jamais mourir de faim. S'il saute un repas, il se nourrira mieux au suivant et tant que cela reste exceptionnel, sa santé ne sera pas affectée. En ce qui concerne les préférences alimentaires des enfants, c'est toujours le même problème. En tête de liste, on retrouve les pâtes, le riz, le pain, le poulet, car ils ont un goût neutre, une consistance molle et un côté rassasiant. Et lorsqu'un enfant refuse son plat, par peur qu'il ne mange pas, sa mère va, pour partie, renoncer à son autorité en lui tendant une assiette de féculents, parce qu'elle sait qu'il va manger et que cela va répondre à ses besoins énergétiques. Le plat de pâtes n'est pourtant pas une réponse, ou du moins, est une réponse inappropriée au refus de l'enfant. Tout d'abord, il faut essayer de comprendre pourquoi l'enfant refuse l'assiette que la maman a pris le temps de lui préparer. Abdiquer en remplaçant l'assiette de légumes par une assiette de pommes de terre, ce n'est pas entendre ce que l'enfant dit implicitement : « J'ai besoin de limites, montre-moi que tu détiens l'autorité, que tu es bien ma maman, j'ai besoin de ta présence… » De même, abdiquer c'est ne pas respecter ce qui avait été décidé entre l'enfant et sa mère : « Tu sais que nous avons un accord. Tu dois goûter avant de dire si tu aimes ou pas. Et si tu n'aimes pas, on passe à la suite du repas. » Les règles posées doivent être respectées. L'enfant est sensible à ce qui est juste, et sera motivé pour faire de nouvelles découvertes alimentaires. Il suffit de montrer que c'est le parent qui détient l'autorité. Inutile de taper sur les doigts de l'enfant avec une règle pour lui signifier que vous détenez le pouvoir, rappelez-lui calmement et fermement que vous êtes responsable de lui et, qu'à ce titre, vous décidez de ce qu'il mange ou pas. Ce jeu de l'autorité se joue souvent en plusieurs phases. Dans un premier temps, prévenez votre enfant : « Si tu ne manges pas ton plat, tu termines le repas avec un yaourt et un fruit, puis tu quittes la table définitivement pour aller au lit. » Si votre enfant persiste dans son refus, appliquez ce que vous avez dit, même s'il revient à table après quelques minutes pour dire que, finalement, il aimerait bien manger ce que vous lui aviez servi. Ensuite, vous pourrez lui dire : « Maman t'avait prévenu que cela se terminerait au lit si tu refusais de manger. Tu m'as encore dit non, donc ça se termine bien comme je te l'avais dit, tu vas te coucher. » Pour les parents, la difficulté est de mettre en application les règles énoncées. Combien d'entre vous ont déjà compté « un, deux, trois » pour faire obéir leur enfant sans jamais aller jusqu'à trois, car ils se rendent compte qu'ils vont devoir assumer une sanction qu'ils n'ont ni envie ni les capacités d'assumer ? !

■ M'aimera-t-il encore ?

Une mère qui ne sait pas dire non à son enfant, est en général une maman qui craint de perdre l'amour de son enfant. Certaines entretiennent avec leur enfant une relation de copinage qui nuit au rôle nécessaire d'éducatrice, car elles ont toujours le sentiment qu'à la moindre dispute, qu'au moindre désaccord, leur enfant les aimera moins. Or, poser des limites à un enfant ne conduit pas à perdre son amour, bien au contraire. Les enfants ont besoin de ces repères, qu'ils vont chercher en utilisant la provocation, l'irrespect, l'impolitesse jusqu'à la violence physique, parfois. Ils ont besoin d'un cadre qui les contienne psychologiquement, mais aussi physiquement pour qu'ils ne se sentent pas livrés à eux-mêmes. À l'opposé, trop de limites risqueraient de brider leurs découvertes. Le défi pour les parents est de trouver le juste milieu entre l'impuissance et la surpuissance, ce qui n'est pas évident bien sûr. Pour ne pas tomber dans un excès de laisser-faire, les parents doivent considérer leurs propres limites, c'est-à-dire savoir ce qui leur semble acceptable, supportable ou tolérable. Évidemment, il n'est jamais agréable de voir un enfant pleurer ou se mettre en colère. Dites-vous que ces quelques minutes de peine passagères lui permettent d'éprouver ce cadre nécessaire à son évolution quotidienne, destiné à son bien-être et à son développement. C'est un véritable travail de lui préciser jour après jour qu'il ne peut pas tout faire, jusqu'à ce qu'il ne soit plus utile de le lui dire.

Une mère apporte souvent du soin et de l'amour au plat qu'elle a préparé pour son enfant. Se voir refuser l'assiette qu'elle lui tend peut être mal perçu, jusqu'à signifier une dévalorisation de son investissement maternel. Elle risque de penser qu'elle fait mal les choses, qu'elle n'est pas une bonne mère et elle a peur que son enfant ne l'aime plus. Ne prenez pas cela comme une attaque personnelle, à son âge il n'en est rien.

Pour éviter d'en arriver là, il est recommandé de prendre un peu de distance avec les refus de votre enfant, et de tenter d'écouter ce qu'il dit à mots couverts, lorsqu'il répond « non ». Probablement souhaite-t-il passer plus de temps avec vous. Aussi, plutôt que de passer trop de temps en cuisine, accordez-lui un temps de jeu exclusif qu'il sera plus à même d'apprécier. Vous pouvez également lui proposer de participer à la préparation du repas. Enfin, dites-lui qu'il peut vous parler si quelque chose ne lui plaît pas, plutôt que dire « non » à toutes vos propositions. Vous voyant sereine et pleine d'empathie, votre enfant sera encouragé à goûter un plat qu'il a tendance à rejeter.

Les outils de PsychoEnfants

Le code des repas

Établissez avec votre enfant une liste des règles avec lesquelles vous ne transigerez pas pour que le repas se passe dans de bonnes conditions. Scotchez cette liste sur un coin de la table pour qu'il puisse y avoir accès facilement. Vous pouvez y noter le lavage des mains et les règles de bonnes manières avec, à côté, le nombre de points correspondant à chaque règle. Si l'enfant est petit, vous pouvez dessiner les règles. En haut de la feuille, formez autant de bâtons qu'il y a de règles. Si l'enfant n'applique pas la règle, barrez un bâton. Tous les bâtons barrés, c'est la punition !

Le jeu du ni oui ni non

Une fois à table, lancez le jeu du ni oui ni non, celui que tout le monde connaît et où il est interdit de prononcer les mots oui et non. Votre enfant aura ainsi plus de mal à s'opposer à vous s'il est privé de ces deux mots simples, ne disposant pas encore d'un vocabulaire aussi varié que celui de l'adulte. À chaque fois qu'il prononce un oui, cela lui vaut de manger une cuillère, et si c'est un non qu'il prononce, il doit rester assis à table pendant une minute. Dans tous les cas de figure, la maman reste la vraie gagnante ! Néanmoins, il est important que vous jouiez aussi pour que l'enfant ne se sente pas berné ; donc si maman dit oui, elle aussi avale sa petite cuillère de pois cassés.

Le chien invisible

Pour éviter les affrontements à table, dites à votre enfant qu'un chien invisible se promène dans la cuisine. Trouvez-lui, ensemble, un petit nom et expliquez-lui que ce chien est très gourmand, qu'il passe manger tout ce qui se trouve dans les assiettes des enfants, mais que ni les enfants ni les adultes ne le voient jamais. C'est un jeu de rôle. À la place de l'enfant, c'est le petit chien qui viendra manger un légume, terminera le verre d'eau ou finira l'assiette dès que vous aurez tourné la tête. L'enfant n'aura alors plus ce sentiment de soumission en mangeant ce que vous lui donnez puisque c'est le petit chien qui obéit.

Le dialogue

Dialoguer pendant les repas avec son enfant lui permet de trouver sa place. À l'écoute et détendu, il est plus apte à rester assis. Il faut également veiller à faire participer l'enfant aux conversations et ne pas suivre le précepte du « mange et tais-toi » qu'utilisaient nos grands-parents !

Le chant de la faim

Au lieu de vous époumoner à crier « à table ! », ce qui d'emblée ne donne pas envie à un enfant de vous obéir, chantez un air qui annonce que le repas est prêt à être servi. Comme « Bon appétit » ou « Les beaux légumes ». D'autres chansons existent sur le thème de l'alimentation. Vous verrez comme l'ambiance des repas changera rapidement.

Le dîner de conte de fées

Pour instaurer une bonne ambiance à table, vous pouvez de temps en temps organiser un repas de conte de fées. Votre fille se pare de son costume de princesse ou de sa plus belle robe, votre fils revêt son costume de chevalier ou se fait beau. À table, l'ambiance est magique : éclairage à la bougie ou lampe qui diffuse des lumières colorées, le tout bercé par une musique douce ou gaie pour apaiser les tensions. Regardez leurs yeux ébahis devant le bon dîner que leur a préparé leur maman !

Je manque d'autorité à table : il ne tient pas en place !

Chapitre 8

« Dès que je crie « à table ! », Cédric commence à grogner ou fait la sourde oreille. Je suis à chaque fois obligée d'aller le chercher, de le porter et de l'asseoir moi-même à table. Là, il pleure, refuse de toucher à son assiette, se lève de table sans arrêt comme si cela était un jeu. Fatiguée de me battre, je capitule et je le laisse repartir dans sa chambre ou le salon avec des yaourts ou du pain qu'il va manger entre deux activités. »

Ici, c'est la tenue de l'enfant à table qui pose problème. Nous sommes face à un enfant qui n'en fait qu'à sa tête et, surtout, qui tient tête à sa mère. Cette situation montre qu'il y a eu auparavant une faille dans l'éducation qu'il a reçue. Cet enfant doit également avoir du mal à se taire lorsqu'on lui demande de parler doucement ou trépigner quand on lui demande d'aller faire la sieste. Sa mère n'a pas réussi à imposer son autorité. Et, lorsque la situation lui échappe, elle cède face à son enfant. Évoquons dès à présent pourquoi certaines peurs empêchent de s'affirmer, voire de s'imposer à son enfant, comme celle de ne plus être aimé par exemple. Nous donnerons également des indications pour être plus autoritaire ou pour améliorer le comportement de l'enfant en question.

■ Cadrer son enfant

Avant tout, il faut savoir si votre enfant a faim. S'il a grignoté moins d'une heure avant de dîner, il n'y a rien d'étonnant au fait qu'il ne soit pas pressé de venir à table et encore moins content d'y rester. Il est primordial de faire en sorte que votre enfant ait faim au moment des repas. Donc supprimez tout grignotage avant les repas.

Globalement, l'enfant a goût au jeu et n'est pas forcément très intéressé par la nourriture. Il ne se force pas à faire plus que ce dont il a envie. Pour lui, dont la vie est pleine de jeux, de dodos, de câlins, rester assis à table est vécu comme une contrainte. C'est un moment qu'il expédie souvent rapidement parce qu'il est attiré par tout le reste. Par exemple, si le « à table ! » de sa mère vient interrompre un moment imaginaire ou un jeu, l'enfant le perçoit comme une intrusion dans son univers. Mieux vaut introduire en douceur le moment des repas. Vous pouvez commencer par le prévenir que « dans cinq minutes, on passe à table » pour l'aider à quitter son jeu et éviter la négociation. Vous pouvez aussi lui demander de vous aider à mettre la table ou lui proposer de mettre la salade dans le saladier avant de s'asseoir. Ainsi, l'acte d'autorité ne se manifeste pas contre l'enfant, mais dans un climat d'harmonie.

Bon à savoir

Aucun enfant ne peut rester à table avant 3 ans. Entre 3 et 7 ans, le repas ne doit jamais dépasser vingt minutes.

La table, lieu d'apprentissage

La table est l'occasion d'appliquer de nombreuses règles : « Mets tes mains sur la table, tiens-toi bien, ferme la bouche quand tu mâches, ne parle pas la bouche pleine, dis merci », toutes sortes de consignes qui ne plaisent pas forcément à l'enfant. Au-delà de l'apprentissage de nouvelles règles, l'enfant apprenant par mimétisme, il n'est pas rare qu'il copie un geste ou une attitude parentale. Par exemple, un enfant qui mâche la bouche ouverte est certainement un enfant auquel on n'a pas dit de fermer la bouche ou qui a vu ses parents mâcher la bouche ouverte. De même, un enfant qui tient son couteau en l'air est un enfant à qui on n'a pas expliqué qu'il fallait poser son couteau lorsqu'on ne l'utilise pas. Guider un enfant pour qu'il se tienne bien à table va lui permettre de s'adapter à toutes les situations : chez ses camarades lorsqu'il sera invité à goûter, chez les parents de sa petite copine quand il sera ado, et dans son milieu professionnel lorsqu'il sera adulte. En effet, on a tendance à penser qu'un enfant qui ne sait pas se tenir à table est un enfant mal élevé, au même titre qu'un enfant qui ne dit pas bonjour ou merci. Ces leçons de bonnes manières doivent être données dès l'enfance, car il n'y a rien de plus dévalorisant, déplaisant et frustrant de participer à un repas professionnel et ne pas savoir comment se tenir.

Fini les injonctions à table !

D'après l'observation quasi ethnographique des repas familiaux, le Docteur Ayadi, chercheur à l'université de Caen, met en évidence dans ses recherches doctorales une perméabilité des parents aux requêtes enfantines. Ainsi, soumis aux contraintes de leur travail, les parents souhaitent avant tout que le repas soit un moment convivial, écartant par là même des conflits possibles suscités par des injonctions à consommer des produits que l'enfant n'aime pas. Le dîner étant peu à peu devenu un moment important, voire le seul, dans une journée bien remplie pour échanger entre parents et enfants, les parents privilégient la bonne ambiance à table quitte à délaisser, le temps du repas, leurs rôles éducatifs. Quant aux repas de famille pris à l'extérieur de la maison, les recherches du sociologue K. Gacem révèlent qu'ils sont désormais assimilés à une expérience festive qui rompt avec les habitudes du repas pris à la maison. Ainsi, manger au fast-food, par exemple, est intériorisé comme une expérience de consommation qui permet de transgresser des règles apprises et reproduites au sein de la cellule familiale.

▪ Source : C. Damay, P. Ezan, M. Gollety et V. Nicolas-Hemar, *Le repas : un contexte structurant dans la socialisation alimentaire : le cas des repas partagés entre enfants*, dans le cadre du projet Marco financé par l'Agence nationale de la recherche.

■ Apprendre à poser son autorité

Une mère qui n'arrive pas à poser son autorité est une mère qui a peur de ne plus être aimable pour son enfant. En réalité, c'est une réminiscence de ce qu'elle a vécu dans son enfance :

un conflit d'autorité entre ses deux parents, comme des parents trop autoritaires qui l'auraient fait souffrir. Dans ce cas, se produit un effet balancier extrême : par peur de reproduire le même schéma éducatif, elle entre dans un schéma opposé. Cela peut aussi être dû à une éducation trop laxiste. Dans ce cas, la mère ne sait pas agir autrement qu'en reproduisant le modèle parental. En effet, on s'inspire beaucoup de l'éducation donnée par nos parents pour éduquer un enfant. Il est encore plus difficile d'élever un enfant quand, soi-même, on a l'impression d'avoir reçu une éducation inappropriée. Parfois, le manque d'autorité résulte d'un désaccord sur l'éducation à donner entre les deux parents. Ainsi, une mère ne voit pas l'intérêt d'imposer une règle à son enfant alors que le père ne la tient pas, et inversement. Un tel dialogue est fréquent : une mère dit : « À 6 ans, il est capable de manger ses épinards tout seul », et le père réplique : « Non, mais ça va, si lui donner la cuillère le fait manger ses épinards, je le fais. » Résultat : le père apparaît comme le sauveur tandis que la mère se retrouve en porte-à-faux et dans le jugement. Malgré ce désaccord, la mère doit toujours montrer à l'enfant qu'elle assume sa position : « Papa te donne la cuillère malgré tout mais sache que ce n'est pas normal qu'il t'aide à manger alors que tu as 6 ans ». Mieux vaut prendre le parti de ne pas entrer en conflit devant l'enfant. Bien sûr, il est impossible d'être tout le temps d'accord sur l'éducation de l'enfant, mais il ne faut pas le lui montrer. Les parents doivent installer ce postulat : « À partir d'aujourd'hui, je respecte ce que l'autre parent dit, je le laisse faire, et si cela ne me convient pas, on en discute ensemble en dehors des oreilles de mon enfant. » Pour que cela fonctionne, il faut admettre au préalable que l'autre n'est pas soi et va forcément mettre en place des fonctionnements que l'on désapprouve. La clé de l'autorité est le dialogue.

L'autorité selon Paul Diel : attention aux projections parentales !

Paul Diel, psychothérapeute français d'origine autrichienne, est notamment connu pour avoir fondé la psychologie de la motivation et a beaucoup travaillé sur le thème de l'éducation.

Selon lui, la déficience éducative serait liée au fait que les parents projettent leurs espoirs sur leurs enfants. Cette déficience éducative se manifeste par deux cas : soit l'enfant correspond à la projection que le parent s'en ai faite grâce à un amour aveugle, soit l'enfant ne correspond pas à ses projections, ce qui donne lieu à un amour déçu. Dans le premier cas, « les fautes innées » et « les incartades » de l'enfant sont oubliées. L'enfant devient alors une sorte de prince héritier. « *Tel qu'il est, il est considéré comme exemplaire et comme une parfaite réalisation de l'espoir. Le parent rejette alors la faute sur le monde, incapable d'admirer toute la grandeur de leurs progénitures.* » Dans le second cas, cet amour déçu « *risque de se convertir en haine culpabilisatrice. Le parent projecteur hait dans son enfant sa propre insatisfaction profonde. Ainsi, ne vit-il que sous l'imposition d'une exemplarité qui le dépasse, contre laquelle il tente de s'insurger et qui finit par l'écraser* ». Selon Paul Diel, dans les deux cas, l'enfant se trouve désorienté à l'égard du sens directif de la vie. « *Par la projection des parents, l'élan évolutif de l'enfant se trouve sapé. Gâté, il s'enfonce dans l'indolence, et frustré, il s'engage dans une révolte ouverte.* »

▪ Source : *Le besoin d'amour*, « Le nœud du problème éducatif », Payot, 2010.

Sauf si l'enfant est témoin des disputes, entre ses parents par exemple, la difficulté de rester à table est souvent liée à un manque d'autorité. L'autorité se construit dans le temps et se traduit par des actes et des paroles calmes et efficaces. Aussi, si votre enfant n'obéit pas, il faut lui adresser un message clair, parler distinctement et calmement dans une tonalité grave. « Je t'ai dit de t'asseoir sur ta chaise. Ta chaise, elle est là. » Inutile de crier. D'une part, vous ne lui montrez pas comment bien se tenir à table, d'autre part, vous lui donnez la possibilité de s'énerver et d'être moins à l'écoute.

Si malgré tout, votre enfant n'obéit toujours pas, il est également conseillé de le contenir physiquement. Vous pouvez le porter, l'asseoir et le maintenir assis pendant quelques secondes en captant son regard. Mettez-vous à sa hauteur tout en gardant votre calme. L'objectif est de lui faire comprendre que la table n'est pas un terrain de jeu, que ce qui s'y passe est important et qu'il doit obéir.

Question de style

Des recherches récentes dans le domaine de l'alimentation démontrent que le style d'éducation donné par les parents influencerait le comportement alimentaire des enfants. Les chercheurs ont séparé l'éducation en trois styles : le style éducatif dit « démocratique » (règles souples, expliquées et négociables), le style dit « autoritaire » (imposition de règles rigides) et le « style permissif » (peu de règles).

.../...

Sur douze résultats, huit indiquent que plus les parents ont un style éducatif démocratique, plus leur enfant consomme des fruits et/ou des légumes. Sur la deuxième marche du podium éducatif, arrive le style autoritaire, tandis que le style permissif termine bon dernier. Selon les chercheurs, l'explication est simple : faire évoluer les préférences alimentaires de l'enfant nécessite que les parents imposent des règles et proposent de façon répétée des aliments qu'au départ l'enfant apprécie peu. Or, seules les deux premières méthodes éducatives mettent en place des règles.

Enfin, d'après les interprétations des chercheurs, si le style démocratique favorise plus fréquemment la consommation des fruits et légumes que le style autoritaire, c'est que le contexte familial est plus chaleureux et plus tourné vers le dialogue.

▪ Source : Esco-Inra, *Les Comportements alimentaires*, « Déterminants des comportements alimentaires », 2010.

■ L'autorité partagée

L'avantage d'être deux parents est qu'il peut y avoir un relais d'autorité. On le voit dans notre exemple, la maman est fatiguée de se battre avec son enfant. Éduquer un enfant est usant, demande beaucoup d'énergie, et il est souvent difficile de toujours maintenir son autorité. À ce moment-là, l'autre parent s'avère d'un grand soutien, et pour l'enfant, il représente la continuité de l'autorité donnée par l'autre parent. Généralement, c'est la mère qui nourrit, et qui est le plus souvent confrontée aux difficultés de la table. Le père, lui, arrive en relais de l'autorité. Il doit alors prévenir son enfant qu'il est d'accord avec sa mère et lui répéter la même chose : « Tu dois rester assis et ne pas te lever pendant que tu manges. Maman te l'a déjà dit. » En revanche, la mère ne doit pas se décharger de sa mission éducative sur le père, sous prétexte qu'il a une grosse voix naturelle, au risque de perdre toute autorité aux yeux de son enfant. En effet, dans l'esprit d'un enfant, le père représente déjà la puissance, tandis que la maman est volontiers assimilée à celle qui sèche les larmes, nourrit, rapporte le doudou. La maman a également plus de mal à prendre de la distance avec les côtés capricieux ou agaçants de l'enfant, tandis que le père éprouve moins de difficultés à faire face au chantage affectif de l'enfant, comme ce genre de menace implicite : « Tu es méchant, je ne t'aime plus. »

■ L'autorité, un témoignage d'amour

Dans son rôle éducateur, la mère doit être assurée de l'amour que lui porte son petit et comprendre qu'un enfant à besoin d'autorité pour grandir et s'épanouir. Lui poser des limites, c'est lui donner le bon terreau pour qu'il devienne un bon mangeur, un adulte qui va bien. Dans le cas de cette maman, ne met-elle pas trop d'amour dans l'assiette qu'elle tend à son fils ? Il serait peut-être plus bénéfique qu'elle lui témoigne son amour autrement que par la préparation des repas.

Le rôle des grands-mères dans l'éducation alimentaire

Les grands-mères sont très souvent impliquées dans la garde des enfants. Par conséquent, elles influent sur le comportement de l'enfant à table. Le problème est qu'elles sont parfois plus permissives. Elles pensent : « Après tout, ce rôle de parents éducateurs, je l'ai eu, j'ai fait ma part de boulot. Maintenant, je veux avant tout faire plaisir à mon petit-fils. » Ainsi, l'enfant va assimiler sa grand-mère à une mamie gâteaux, celle qui donne des bonbons, des gâteaux et des frites. Lorsqu'il est chez elle, l'enfant devient un enfant-roi. Il est donc très important d'expliquer à son enfant que mamie a ses règles, ses façons de faire, mais qu'à la maison, cela se passe autrement car ce sont les parents qui fixent les règles. Pour autant, les parents ne doivent pas imposer aux grands-parents leurs propres règles. Si la maman estime qu'elle doit défendre certaines valeurs, elle doit apprendre à le faire en tant que mère, quelles que soient les influences du père ou des grands-parents.

Les outils de PsychoEnfants

La débarbouillette

Pour éviter que votre enfant ne quitte la cuisine avant même que le repas soit sur la table, donnez-lui une petite lingette nettoyante pour les mains lorsqu'il est assis ou invitez-le à se laver les mains au robinet de la cuisine, juste à côté de vous. Vous aurez bien sûr, au préalable, veillé à ce qu'il ne manque rien (savon liquide plus facile à attraper que le savon qui glisse dans leurs petites mains, serviette et escabeau pour le mettre à la bonne hauteur). Avantage de ce stratagème, cela le prépare au repas, l'occupe, lui donne l'impression d'être grand, et en bonus : il mange avec des mains toutes propres !

Le dîner de l'amitié

Aujourd'hui, chaque enfant choisit avec qui il a envie de partager son dîner. Cela peut être un tête-à-tête avec papa ou avec son frère. À lui aussi de choisir où il veut manger : sur la table de la cuisine, dans le salon. Le but est de faire du repas un moment détendu et d'intimité privilégié. Pour une fois, il pourra avoir son papa rien qu'à lui ou pourra manger sans que maman le surveille. Lui qui n'aime pas s'asseoir à table devrait y retrouver du plaisir.

Repas pas si improvisés

Lorsque votre enfant refuse de rester assis à table, n'hésitez pas à organiser des pique-niques (dehors lorsque le temps le permet, ou à l'intérieur en installant une grande nappe cirée au sol). Ces repas improvisés permettent de partager un moment ensemble et évitent l'atmosphère un peu tendue de la table. À force de voir que manger avec papa et maman est agréable, l'enfant finira par vouloir revenir à table avec vous. Variante : réalisez des plateaux-repas constitués de ses aliments favoris.

Une autre famille

Envoyer votre enfant manger chez des parents ou des amis lui permet de découvrir d'autres rituels, habitudes, contraintes, et de s'apercevoir que les parents tiennent à peu près tous le même discours sur la tenue à table. D'autant que certains enfants qui n'obéissent pas à leurs parents savent néanmoins très bien se tenir chez les autres. Devant une autre personne, osera-t-il se lever de table ? Pas si sûr...

La jolie table

Pour redonner l'envie à votre enfant de s'asseoir à table, épatez-le avec une table décorée selon ses goûts. Plusieurs thèmes au choix : une table aux couleurs acidulées façon bonbons ; une autre fois ce sera sur le thème du personnage de son dessin animé préféré... À vous d'être imaginatif pour l'inciter à prendre plaisir à manger correctement assis.

À chacun sa place

Attribuez une place autour de la table à chaque membre de la famille. Ce procédé permet de faire comprendre à votre enfant qu'il y a dans cette maison des règles, et que, comme tous les autres membres de la famille, il doit s'y soumettre ! Vous pouvez également acheter une chaise rigolote à votre enfant. Celle-ci sera sa chaise et participera à lui assurer des repères à table. Variante : exceptionnellement aujourd'hui, maman lui confie la tâche de choisir où chacun s'assoit.

La bonne assise

Pour faire du repas un enfer, il suffit d'installer son enfant sur une chaise mal adaptée, où, saisi de bougeotte, il balancera ses pieds, ses jambes pour finir par quitter la table. Choisissez donc de préférence un modèle qui soutient les pieds et le dos de votre enfant et d'où il pourra poser ses coudes sur la table. Faites aussi attention à la hauteur de la chaise, car rien n'est plus désagréable pour un enfant que d'avoir la tête qui dépasse à peine de la table : il aura du mal à manger, il sera en position d'infériorité, ne pourra pas participer aux discussions.

J'aimerais le convaincre de manger de la viande

Chapitre 9

« Ma fille de 6 ans refuse de manger de la viande. Au début, elle repoussait seulement la viande rouge, prétextant que le sang la dégoûtait. Mais maintenant, elle fait aussi la grimace devant les morceaux de volaille. Je ne comprends pas ce qui a pu la dégoûter de la viande. Si elle persiste, j'ai peur qu'elle ne finisse par souffrir de carences. »

Ici, cette petite fille refuse de manger de la viande ni par dégoût ni par volonté d'embêter sa mère. Le problème est davantage psychologique, de l'ordre de l'anthropomorphisme. En effet, la petite parle du sang dans son assiette pour expliquer son refus, et elle n'a en aucun cas dit « je n'aime pas ».

Il faut d'abord comprendre que manger, incorporer, c'est faire corps avec un aliment. Et certaines personnes, en mangeant de la viande, se représentent mentalement l'animal à l'origine vivant, sentiment insupportable pour les végétariens qui mangeront néanmoins sans problème légumes ou fromages. Aussi, il arrive qu'un enfant éprouve ce même dégoût à ingérer un tel aliment.

Voyons pourquoi la viande peut paraître répulsive aux yeux de l'enfant et comment on peut l'aider à dépasser cette aversion. Plus largement, nous aborderons le sujet des dégoûts et phobies alimentaires chez l'enfant. Nous donnerons également des pistes pour combler le manque nutritionnel lié à l'absence de viande dans l'alimentation.

■ Les types de dégoûts : physiologique et psychologique

On rencontre deux sortes de dégoûts alimentaires. Ils peuvent être d'ordre physiologique ou d'ordre psychologique. Prenons l'exemple d'un enfant qui est malade après avoir mangé de la paëlla. Il vomit, soit qu'un des aliments n'était pas frais, soit qu'il a eu simplement mal au ventre parce qu'il en aurait trop mangé par gourmandise. Quoi qu'il en soit, l'enfant risque d'associer son malaise à ce plat ou, du moins, à l'aliment fautif. Et si vous lui servez à nouveau une paëlla, il manifestera son dégoût avec force grimaces. On parle alors de dégoût physiologique. Cela peut rester ancré très longtemps dans la tête de l'enfant, voire ne jamais disparaître. Et seul le temps pourra faire évoluer la situation.

Pour essayer de convaincre son enfant que le malaise provient d'un produit probablement pas frais, le parent peut expliquer que les aliments n'ont pas tous la même résistance et se conservent plus ou moins longtemps. Parmi les produits fragiles, il y a les fruits de mer ou le poisson cru. Les fromages et les yaourts nature sont beaucoup moins fragiles et peuvent être mangés après la date de péremption affichée. Éduquer le goût d'un enfant est tout à fait possible : on lui apprend à sentir, toucher, goûter du bout des lèvres pour qu'il sache repérer une saveur suspecte qui risquerait de le rendre malade.

Les dégoûts d'ordre psychologique apparaissent en général si un choc intervient quand l'enfant mange. Par exemple, un enfant déjeune en famille lorsque le téléphone sonne. Sa mère répond, puis raccroche et lui apprend que son grand-père est décédé. L'enfant associe alors ce qu'il a mangé à ce choc émotionnel.

Le régime végétalien

Ce régime sans aucun apport d'aliments d'origine animale (ni laitage, ni fromage, ni œuf) est à proscrire chez l'enfant. En effet, la vitamine B12 indispensable au métabolisme du sang n'est présente que dans les produits d'origine animale. Le régime végétalien est donc inadapté pour un enfant et ne doit pas lui être imposé, quelles que soient les convictions des parents.

Le rejet de la viande par identification à l'animal

L'enfant éprouve bien souvent une répugnance pour la viande parce que dans la littérature enfantine, on représente les sentiments d'un enfant par des histoires d'animaux. Par exemple, les célèbres histoires de « Petit Ours brun » racontent les péripéties d'un ourson, qui, malgré sa forme animale, agit comme l'enfant et éprouve les mêmes sentiments que lui…

On remarque aussi que la viande dérange davantage que le poisson. Faut-il y voir une identification plus importante à la viande ? Néanmoins, avec le dessin animé Némo, il n'est pas rare d'entendre des enfants dire au restaurant : « Oh ! J'espère que ce n'est pas Némo dans mon assiette ! » Très appréciés, ces livres et ces films encouragent ces phénomènes d'identification.

Le problème peut également survenir après que l'enfant a acquis un animal ou après un séjour chez une grand-mère qui élève des animaux, ou bien encore après avoir vu la tête d'un cochon sur l'étal du boucher. Au moment des repas, vers 5 ou 6 ans, l'enfant prend alors conscience que ce qu'il mange est un animal et fait le lien entre l'animal vivant et l'animal mort dans son assiette (il faut préciser que la mère lui explique au préalable ce qu'il y a dans son assiette). C'est l'idée même de manger un animal mort qui le répugne. On est face à une répulsion d'ordre anthropomorphique. Par exemple, il est compliqué pour l'enfant de manger de l'agneau car, pour lui, c'est un bébé animal tout doux et très mignon. Il en vient à penser que si l'on est capable de manger un bébé animal, on pourrait tout autant manger un bébé humain. Rien ne sert de le forcer, s'il doit revenir à la viande, il y reviendra seul.

Les protéines : pourquoi sont-elles nécessaires ?

Ce qu'on trouve essentiellement dans la viande, ce sont les protéines d'origine animale. Nous avons besoin de deux fois plus de protéines animales que de protéines végétales pour répondre à nos besoins protéiniques.

Une protéine est un assemblage d'acides aminés qui ressemble à un collier de perles entouré sur lui-même. Chacune de ces perles à la capacité de se transformer en une perle d'une autre couleur à

…/…

l'intérieur du corps. Le problème est qu'une dizaine de ces perles ne sont pas fabriquées par l'organisme, il faut donc impérativement les chercher dans l'alimentation. On les appelle les acides aminés essentiels. On les trouve dans l'œuf tout particulièrement. L'œuf est une référence car il contient tous les acides aminés essentiels en quantités équilibrées pour l'organisme. Il faut savoir qu'il y a un rapport de compétition entre ces acides aminés essentiels. Et s'il y a un déséquilibre des quantités, ils sont moins bien absorbés. On trouve aussi ces acides aminés essentiels dans les céréales et les légumes secs mais, pour que leur absorption se fasse correctement, il est nécessaire d'associer dans le même plat ces deux types d'aliments : salade de riz et pois chiches, curry de riz et lentilles, couscous végétal et pois chiches, ou riz et haricots rouges.

Le rejet de la viande par mimétisme

Un enfant peut rejeter la viande pour faire comme ses parents s'ils sont végétariens. Face à des parents qui ne mangent pas de viande, l'enfant ne comprend pas pourquoi lui devrait en manger. Ainsi, dans une famille où le père est végétarien, un petit garçon qui aimait pourtant le goût de la viande s'est mis à l'exclure de son alimentation par soutien ou par mimétisme.

Pour des parents végétariens, il est plus difficile d'amener son enfant à la viande, car généralement le végétarien est porté par des convictions, une philosophie de vie ou une spiritualité, voire une religion pour les bouddhistes. S'il n'y arrive pas, la cantine peut mettre l'enfant au contact de la viande. Toutefois, lorsque le rejet de la viande est porté par une conviction partagée par les membres de la famille, l'enfant s'y accroche, peut-être définitivement. Il y a de nombreuses explications possibles au dégoût de la viande chez l'enfant, mais la première chose à faire pour éviter tout rejet est de lui en faire goûter. L'important est de lui apporter les nutriments nécessaires et donc de compenser le fait qu'il ne mange pas de viande par du poisson ou du fromage par exemple.

Pallier les carences des enfants végétariens

On peut très bien vivre en bonne santé sans manger de viande. Pour qu'un enfant absorbe une quantité suffisante de protéines, il peut manger des œufs en omelette, à la coque, sur le plat, ou encore introduits dans les gâteaux, les flans... Il ne dira pas qu'il ne veut pas du gâteau de mamie, car il contient des œufs qui auraient pu devenir des poussins. Les enfants qui mangent des laitages et des œufs répondent à leurs besoins protidiques. De toute façon, en France, on mange beaucoup trop de protéines. Pour savoir quelle quantité de viande, de poisson ou d'œuf a besoin un enfant, il faut ajouter un zéro à son âge et transposer ce chiffre en grammes. Par exemple un enfant de 6 ans, a besoin de 60 g de viande par jour. Il n'est pourtant pas rare de voir un enfant de 5 ans manger un steak haché de 100 g, poids d'un steak pour une femme adulte.

La symbolique de la viande

Ce sont généralement les filles qui ont tendance à éliminer la viande de leur alimentation. C'est en effet plus rare chez les jeunes garçons. Il y a une dimension symbolique dans la viande : elle rend fort, elle est bonne pour les muscles, autant de qualificatifs masculins. En grandissant, les filles (vers 11 ou 12 ans) ont un peu de mal à se projeter dans cet aliment, car elles sont davantage en recherche d'identification féminine. Dans leur esprit, la viande est aussi associée au gras, ce qui les en détourne pour surveiller leur ligne. Elles préféreront généralement le jambon blanc ou le poulet, mais feront l'impasse sur la viande rouge et sur le canard. Beaucoup d'autres enfants, au contraire, ne manifestent aucun rejet de la viande, une chance pour eux, puisqu'elle offre des propriétés nutritionnelles nécessaires à leur croissance.

Le fer : où le trouver ?

Le fer est en quantité optimale dans la viande rouge, et en très petite quantité dans la viande blanche, les poissons ou les œufs. Par exemple, il y a 3 % de fer dans la viande rouge, contre 1 % de fer dans le poisson. La meilleure source de fer est le boudin noir, le foie et la viande rouge. Le fer d'origine animale est beaucoup mieux absorbé par l'organisme que le fer d'origine végétale qui se trouve dans les lentilles, les haricots blancs et rouges, et un peu dans les produits céréaliers. Le fer, micronutriment capital pour le développement et la croissance de l'enfant, peut manquer à

.../...

un enfant végétarien. Il convient alors de parler de cette alimentation avec un médecin nutritionniste de façon à ce qu'il puisse complémenter le régime de l'enfant en fer.
Bon à savoir : pour optimiser l'absorption du fer, il faut apporter, dans le même repas, une source de vitamine C (orange, kiwi, jus de citron, framboises).

■ Un rejet rarement total

Il est assez rare de rencontrer des enfants qui refusent complètement et violemment la viande. Celui qui exprimera son dégoût en disant : « Beurk, c'est dégoûtant ! C'est un animal mort dans mon assiette ! » ne rejettera pas forcément toutes les viandes. Peut-être refusera-t-il le lapin, mais mangera-t-il avec plaisir une tranche de jambon. Si votre enfant ne mange pas de viande et que sa façon de manger ne lui pose pas de problème de santé, il n'y a aucune raison de s'inquiéter. En attendant, utilisez quelques astuces auxquelles il ne résistera probablement pas. Avec un peu de viande hachée, vous pouvez faire facilement de la moussaka, un hachis Parmentier ou des pâtes à la bolognaise… Autant de délicieux plats qui séduiront les enfants récalcitrants à la viande. Le poulet au goût plus neutre pourra être apprécié par les enfants. Allez-y progressivement, le dosage des portions est essentiel pour que votre enfant retrouve le goût des viandes.

Recommandations pour le choix de la viande

Quel que soit le type de viande, le Programme national nutrition santé (PNNS) préconise de favoriser l'absorption quotidienne des morceaux les moins gras, comme le poulet sans la peau, les escalopes de volaille et de veau, les filets maigres de porc, la bavette, le steak haché à 5 % de matières grasses et le jambon blanc... Quant au poisson, il est pour sa part généralement moins gras que la viande (sauf le saumon, le thon, le maquereau, la sardine, le hareng qui sont des poissons dits gras, mais qui apportent des matières grasses essentielles comme les oméga 3).

Pour les viandes et le poisson frais, le PNNS recommande d'opter pour les formes à cuire au four plutôt qu'en friture, de manière à limiter les matières grasses. Tous ces produits d'origine animale contiennent des lipides en taux variable. Il est donc sain de veiller à ne pas ajouter trop de matières grasses pour la cuisson et à alterner les types d'aliments de cette catégorie pour profiter des divers nutriments. Attention également aux portions et à l'accompagnement qui jouent dans l'équilibre alimentaire. Par exemple, si vos enfants adorent les saucisses, vous pouvez leur en servir de temps en temps, mais plutôt avec des haricots ou des carottes qu'avec des frites pour ne pas ajouter des graisses à un plat déjà riche en lipides.

▪ Source : PNNS, *www.manger-bouger.fr*

Les outils de PsychoEnfants

L'étrange restaurant de maman

Le but est de montrer à l'enfant que des aliments au nom étrange sont en réalité des aliments qu'ils aiment consommer. Achetez un tableau noir et des craies de couleur et installez-le dans la cuisine. Comme dans un restaurant, notez-y soigneusement le menu du jour en donnant à vos plats des noms bizarres. Par exemple, une soupe de légumes verts s'intitulera « soupe d'Alien », un mille-feuille pourra s'appeler un « mille pâtes ». Vous pouvez aussi vous aider de colorants alimentaires naturels pour brouiller les pistes.

Le mix

Mixez et mélangez la viande à d'autres aliments pour obtenir un hachis ou une purée. Il suffit parfois de peu de chose pour qu'un enfant accepte ce qu'on lui donne à manger.

La feuille du boucher

Inspirez-vous des posters que vous voyez chez le boucher et sur lesquels est représenté un bœuf détaillé avec les pièces à manger. Prenez une feuille, dessinez un bœuf et isolez les morceaux à manger. Découpez ensuite des rectangles en papier sur lesquels vous inscrirez le nom des morceaux de bœuf. À votre enfant de placer les feuilles sur l'animal. Cela le familiarisera avec les morceaux de viande et il considérera l'animal comme de la nourriture, sans liens affectifs.

Nuggets faits maison

Les enfants raffolent des *nuggets*, car l'aspect croustillant de la chapelure cache la viande. Sur la table, mettez dans un grand saladier le poulet haché et assaisonné avec des pommes de terre, un bol d'œufs battus et un saladier rempli de céréales nature.

Votre enfant peut ainsi préparer tout seul ses *nuggets*. Pour cela, il lui suffit de prendre dans ses mains une petite portion de viande à laquelle il donnera la forme qu'il veut, de la tremper dans le bol à œufs, puis dans les céréales qu'il aura préalablement réduites en miette. Un vrai jeu d'enfant ! Ensuite, à vous de mettre ses réalisations au four. Variante : préparez des boulettes de viande, autre forme très appréciée des enfants.

Le matin, je veux qu'il prenne un petit-déjeuner

Chapitre 10

« Mon petit Grégoire, 5 ans, est un bon vivant depuis sa naissance. Costaud, souriant, très énergique, il a toujours mangé de tout et de bon cœur. Mais depuis qu'il a cessé de vouloir un biberon de lait au réveil, il ne prend plus de petit-déjeuner. J'ai beau lui proposer tout ce qui me passe par la tête, il refuse d'avaler quoi que ce soit avant de partir à l'école ! Je sens que cela perturbe le cours de sa journée, car le matin, il est grognon et vite fatigué, et le midi il est littéralement affamé. »

Nous sommes ici face à une mère qui s'inquiète de voir son fils partir le matin le ventre vide. Pourtant, le petit garçon ne semble pas avoir de problèmes liés à l'alimentation puisqu'il ne boude pas les autres repas et semble en pleine santé. C'est une mère qui donne au petit-déjeuner une place plus importante que nécessaire. Au lieu de forcer son enfant à manger, elle devrait s'interroger sur ce qui pousse son enfant à sauter ce repas : le petit-déjeuner s'effectue-t-il dans le calme ? Le partage-t-elle avec lui ? Connaît-elle ses préférences ?

Demandons-nous pourquoi certains enfants manquent d'appétit au réveil et pourquoi ils refusent le petit-déjeuner, de quelle façon les rythmes familiaux influencent-ils la manière dont se déroule le petit-déjeuner, et pourquoi il est indispensable de respecter les rythmes alimentaires de l'enfant.

Nous verrons également en quoi le petit-déjeuner est un repas essentiel au développement de l'enfant, comment l'aborder et redonner à l'enfant l'envie de prendre un petit-déjeuner.

Les rythmes familiaux

Le manque d'appétit le matin peut être provisoire. Un enfant peut très bien manger trois matins de suite et le lendemain refuser d'avaler ne serait-ce qu'une tartine Il n'y a pas d'inquiétude à avoir. Nous n'avons pas tous les matins le même appétit, selon ce que l'on a mangé la veille. Peut-être a-t-il simplement fait un dîner trop copieux ? Le matin, de nombreux parents font déjeuner leurs enfants à peine sortis du lit, et profitent alors de ce moment pour se préparer. Il n'est pas certain que l'enfant ait faim au saut du lit, et son organisme a besoin d'un peu de temps pour se réveiller. Plutôt que le mettre à table, à peine un œil ouvert, il serait plus sage de le débarbouiller, l'habiller et, pourquoi pas, lui laisser un peu de temps pour jouer avant de lui servir son petit-déjeuner.

Autre bonne résolution, ne laissez pas votre enfant seul devant son bol de céréales. Prenez soin de vous asseoir à ses côtés pour boire votre thé et manger aussi. Pour qu'il prenne goût au petit-déjeuner, montrez-lui que ce moment est aussi important pour vous que pour lui. Car partir le ventre vide à l'école est un problème. L'enfant sentira la faim plus tard dans la matinée. Il faudra alors trouver comment la satisfaire.

Relation entre petit-déjeuner et performance scolaire

Prendre un bon petit-déjeuner favoriserait la réussite scolaire et les performances intellectuelles. Selon une étude menée auprès de 2 160 enfants japonais, les enfants qui prennent un petit-déjeuner chaque matin auraient de meilleurs résultats à l'école. Sur la base de quatre matières, le score moyen est de 73,5 % pour ceux qui prennent un petit-déjeuner, contre 57,6 % pour ceux qui sautent ce repas. Des résultats similaires sont observés chez les élèves des collèges et lycées : 62,7 % en moyenne contre 57,1 %.

▪ Source : Étude menée par le conseil d'éducation de la préfecture de Wakayama (Japon) auprès de 2 160 enfants, dont on a comparé le mode de vie et les performances académiques. Cette information est un extrait du « BE Japon », n° 352 du 28/02/2005, rédigé par l'ambassade de France au Japon.

■ Faire comme papa et maman

Pour le petit-déjeuner comme pour les autres repas, l'enfant va manger en prenant ses parents comme modèles. Si les parents ne prennent pas de petit-déjeuner, pourquoi leur enfant le ferait-il ? Si ce n'est pas nécessaire pour eux, pourquoi le serait-ce pour lui ? Dans certaines familles, le petit-déjeuner est très ritualisé. On parle alors de rituel d'éveil. C'est une habitude apprise dans leur enfance et qu'ils tiennent à poursuivre avec leur enfant.

Mais il est inutile de vous forcer le matin en espérant montrer l'exemple à votre enfant, si celui-ci n'a pas faim. C'est une façon de lui envoyer un mauvais message : « N'écoute pas ce que tu ressens. Fais comme moi et force-toi. C'est en se forçant qu'on prend l'habitude de petit-déjeuner. » Ce comportement est contestable si l'on admet que l'organisme de l'enfant n'a besoin de rien à ce moment-là, et surtout que cette injonction n'est pas, pour vous, liée au plaisir, mais à un effort. Rappelons que le corps nourri contre sa volonté va réagir en stockant les aliments et les transformer en gras. Ce n'est pas une bonne idée de forcer son enfant à manger quel qu'en soit le prétexte. Montrez-lui plutôt que prendre votre petit-déjeuner avec lui vous fait plaisir. En trouvant le bon moment et les produits qui peuvent lui plaire, il finira sûrement lui aussi par prendre une petite collation. En le levant vingt minutes plus tôt le matin, il aura également plus de temps pour bouger, ce qui ouvrira son appétit. D'autres astuces, comme raconter une histoire pendant le petit-déjeuner ou préparer ce moment sous forme de buffet pourront lui donner de bonnes habitudes.

En France, la tradition du petit-déjeuner est forte ; alors, si votre enfant dit ne pas en vouloir, proposez-lui juste un jus de fruits ou un chocolat chaud avant de partir à l'école, et donnez-lui une barre de céréales ou un petit pain, quelques biscuits au blé complet, histoire de lui laisser quelque chose à manger s'il a un petit creux. Évitez bien sûr les produits trop sucrés.

Le petit-déjeuner idéal : les composants indispensables

Un petit-déjeuner à la maison est composé d'un produit céréalier, d'un produit laitier et d'un fruit si l'enfant est capable de manger tout ça. S'il a un petit appétit, vous pouvez diminuer les portions. En revanche, il n'est pas approprié de remplacer les aliments aux propriétés nutritionnelles utiles par d'autres aliments moins bien équilibrés. Si un enfant ne mange pas sa pomme, ce n'est pas la peine de compenser avec un énième biscuit ou des sucreries. Le « petit-déjeuner nomade » peut être une compote en gourde, un petit morceau de baguette, quelques carrés de chocolat ou une tartine de fromage frais.

■ Petit-déjeuner cadré ou collation improvisée ?

Le petit-déjeuner est un repas important pour un enfant qui n'a pas mangé depuis la veille au soir. Il est resté environ 12 h sans nourrir son corps. Pour l'enfant en pleine croissance qui n'a pas de réserves, un apport en glucides complexes, ceux qu'on trouve dans les produits céréaliers comme le pain, les céréales, le porridge ou le riz au lait, est absolument nécessaire. Ces glucides seront digérés tout le long de la matinée, et nourriront son cerveau, ses globules rouges et ses muscles. Le petit-déjeuner peut être complété par un fruit qui a l'avantage d'apporter des sucres et des vitamines, ainsi que de l'hydrater, car, pendant la nuit, l'enfant perd beaucoup d'eau.

À l'initiative du ministère de la Santé, un débat a été engagé avec les directeurs des écoles maternelles pour savoir si et quand il était possible d'offrir une petite collation aux enfants.

Il ressort au final que cette collation matinale à l'école n'est ni systématique ni obligatoire. C'est pourquoi, certaines écoles en distribuent à des heures différentes, avec un soin porté à l'aspect diététique variable : yaourts, fruits, viennoiseries… Si les enfants qui ont pris un solide petit-déjeuner en famille mangent en plus ces collations, elles risquent d'être stockées en masse grasse, car elles n'étaient pas nécessaires à l'organisme.

D'autres écoles, au contraire, n'en distribuent pas et interdisent aux parents de mettre une collation dans le sac de leur enfant afin d'éviter des apports énergétiques excessifs. Pour certains psychologues, une telle décision est abusive, d'autant que les instituteurs ne savent pas si les enfants ont pris un petit-déjeuner ou s'ils sont partis le ventre vide.

Habitudes alimentaires des enfants au petit-déjeuner

L'UFC Que Choisir a publié les résultats d'une enquête démontrant que les produits gras et sucrés, intensément promus à la télévision, envahissent les cartables et les placards des enfants. Globalement, 80 % des aliments que les enfants apportent à l'école pour la récréation sont trop riches en sucre ou en matières grasses. Par exemple, les confiseries, de type barres chocolatées, barres céréalières hypersucrées se classent en deuxième place des produits trouvés dans les cartables. Cela est confirmé par les réponses que les enfants ont données aux animateurs de l'association sur leurs habitudes alimentaires à la maison. Ainsi, le petit-déjeuner traditionnel à base de pain serait devenu largement minoritaire pour faire place à des céréales généralement trop sucrées. Dans 64 % des petits-déjeuners, il y a des gâteaux, des viennoiseries et des céréales hypersucrées. Des conclusions confirmées par les autres associations locales participant à l'action de sensibilisation à l'équilibre nutritionnel.

- Source : Enquête publiée en décembre 2010 et menée par l'association de consommateurs UFC Que Choisir, auprès de 227 élèves du CP au CM2 et de 330 familles de Saône-et-Loire.

S'adapter aux besoins et aux exigences de son enfant

Quand les parents, pressés par un emploi du temps serré, adoptent un rythme effréné pour lever, laver, habiller, nourrir leur enfant, ils ne pensent pas que ce *timing* ne lui correspond pas. Il pourrait très bien rester une demi-heure devant son bol de chocolat. Le rythme des enfants n'est pas celui des adultes. C'est la même chose pour leurs goûts. Certains préféreront une tranche de pain, un peu de jambon ou un morceau de fromage, tandis que d'autres se satisferont de tartines de confiture. Et selon nos origines, la composition du petit-déjeuner varie également : le traditionnel bacon-omelette pour les Anglais, les pancakes pour les Canadiens… Amusez votre enfant, et variez son quotidien en lui proposant de temps en temps de voyager à travers son petit-déjeuner.

Le pain (sucre complexe), le fruit, la confiture (sucre simple) ou la pâte à tartiner qui composent le petit-déjeuner traditionnel français apportent trop de sucres, et diversifier ce repas serait bénéfique pour les enfants : palette alimentaire élargie, goûts et capacités d'adaptation développés. Quand un enfant a faim, il mange. S'il préfère emporter son petit-déjeuner, pourquoi pas, respectez ses besoins et son rythme. Cela pourra évoluer selon les circonstances.

Les outils de PsychoEnfants

■ Le rituel

Établissez une liste avec votre enfant sur ce qu'il doit accomplir le matin, dans l'ordre et avec les horaires (s'habiller, se brosser les dents, faire son lit...), puis scotchez-la sur sa table de chevet. Inscrivez le petit-déjeuner en bas de la liste pour qu'il assimile que c'est une étape obligatoire. Cette liste lui donnera l'impression d'être un grand et d'aller vers l'autonomie. De plus, le temps qu'il fasse les autres tâches, l'appétit lui viendra sûrement.

■ L'eau sucrée

Au réveil, faites boire à votre enfant un demi-verre d'eau sucrée. Le sucre attire le sucre et aiguise l'appétit. Quinze minutes plus tard, il devrait avoir faim.

■ Copier-coller

Préparez exactement le même petit-déjeuner pour vous et pour votre enfant. Vous utiliserez alors les mêmes accessoires (bols, couvert, verre, set de table), servirez les mêmes aliments (deux tartines pour chacun, un verre de jus d'orange...) et les disposerez de manière similaire sur la table pour chacun, mais en proportion réduite. Dites à votre enfant : « Ce matin essaye de faire exactement comme moi, on va voir si tu y arrives, si tu es un grand toi aussi ! » Votre enfant ne pourra pas résister à un tel défi, il vous observera et s'amusera à croquer dans la tartine en même temps que vous. Bilan ? Vous avez réussi à le faire manger, mine de rien, même si cela nécessite que vous vous passiez pour une fois de votre tasse de café !

■ Le petit-déjeuner du week-end

Pour marquer une rupture avec la semaine et les petits-déjeuners avant l'école, préparez-lui des petits-déjeuners qui changent de l'ordinaire. Vous pouvez par exemple préparer des crêpes, des pancakes, du pain perdu… et en profiter pour lui faire découvrir d'autres saveurs comme un petit-déjeuner à l'anglaise avec omelette, bacon et haricots blancs. Faites le tour des pays : petit-déjeuner marocain avec un taboulé, suédois avec du fromage et des pains spéciaux, italien avec des pâtes… Surprenez-le !

■ Le petit-déjeuner nomade

Si votre enfant n'a vraiment pas faim le matin, inutile de le forcer. Attendez que l'appétit lui vienne et glissez dans son cartable de quoi le nourrir et le faire tenir jusqu'au déjeuner. Mais pas question de lui donner n'importe quoi sous prétexte que c'est à emporter : pas de barres chocolatées ! Donnez-lui plutôt un yaourt à boire, une gourde de compote, une banane ou des biscuits aux céréales.

■ Les questions ouvertes

Pour ne pas braquer votre enfant, il est souvent utile de lui laisser le choix. Au lieu de lui demander : « Que désires-tu pour le petit-déjeuner ? », dites-lui : « Ce matin, tu préfères une tartine de confiture, des céréales ou des biscuits ? » Il sera heureux de penser qu'il décide, alors qu'en réalité vous avez orienté ses choix.

Je ne sais pas comment l'empêcher de grignoter

Chapitre 11

« Mon fils Théo mange n'importe quoi toute la journée et, au moment de passer à table, il n'a plus faim. Pour compenser, je tente de remplacer ses gâteaux et autres sucreries par des aliments qui ont un meilleur apport nutritionnel, mais cela ne marche pas à tous les coups. Et surtout, j'aimerais qu'il perde la mauvaise habitude de grignoter. »

Ce petit garçon a un mode alimentaire déséquilibré, et il faudrait savoir quelles en sont les raisons, d'autant que cela l'empêche de manger correctement pendant les repas. Grignote-t-il par besoin ou pour des raisons d'ordre psychologique ? A-t-il des soucis, notamment à l'école ? Lorsqu'il grignote, le fait-il en cachette ?

Tout d'abord, il faut savoir qu'il existe deux types de grignotage chez les enfants. En effet, si le grignotage s'apparente à une façon particulière de se nourrir chez les plus jeunes, elle peut également masquer un mal-être ou un vide affectif chez les plus grands. Nous allons essayer de comprendre à quoi correspond ce grignotage, et comment rétablir une alimentation plus équilibrée. De plus, nous verrons que le comportement et le jugement des parents sur le grignotage de leur enfant peuvent influencer sa conduite alimentaire.

■ Le grignotage fait peur aux parents

Face à leur enfant qui grignote comme une petite souris, les parents qui ont un mode alimentaire structuré sont déroutés et ont souvent peur que leur enfant prenne de mauvaises habitudes. Pourtant, dans le cas du grignoteur qui mange peu mais plusieurs fois, il n'y a pas d'inquiétude à avoir parce qu'il mange lorsqu'il a faim. En fait, les parents ont peur que cela évolue vers un mode alimentaire trop sucré et trop gras (bonbons, chips, chocolat, etc.). Le parent doit faire la différence entre le contenu, c'est-à-dire ce que l'enfant mange, et le grignotage de réconfort.

Attention ! Si les parents ont eux-mêmes tendance à grignoter, il ne faut pas s'étonner que leur enfant fasse de même ! Si les parents ont une hygiène alimentaire équilibrée, il leur sera plus facile de guider leur enfant vers un même rythme alimentaire sain.

■ Les problématiques du grignotage

L'enfant qui grignote a au moins 7 ou 8 ans, pas moins, tout simplement parce qu'avant cet âge, il est en principe trop jeune pour ouvrir les placards. Mais surtout, pour les plus petits, le grignotage, tel que le perçoit l'adulte, n'existe pas. Il mange, c'est tout, parce qu'il en a besoin. Grignoter, c'est le mot utilisé par un adulte, quand son enfant a toujours besoin de manger.

Pour les plus grands, outre le fait que cela puisse cacher une souffrance affective, une des raisons pour lesquelles l'enfant grignote peut tenir aussi à une exigence trop rigoureuse des parents : « Termine ton assiette... On ne gâche pas la nourriture... C'est pour toi que j'ai cuisiné, alors finis ton plat... » Ces injonctions à manger, alors que l'enfant n'en a ni l'envie ni le besoin, ont tendance à perturber ses sensations. Rien ne l'empêchera donc de manger sans faim.

Aussi faut-il réussir à distinguer à quel type de grignotage vous avez affaire : des besoins physiologiques liés à la croissance de votre enfant ou des besoins qui marquent un profond mal-être ?

■ Grignoteur ou petit mangeur ?

Commencez par vous poser les bonnes questions. Quand mon enfant grignote-t-il ? A-t-il faim au moment des repas ? Quitte-t-il la table avant la fin du repas ? Est-il malade ? Cet enfant est peut-être tout simplement un petit mangeur qui se nourrit de petites quantités. Pour le moment, il mange en petites quantités plusieurs fois par jour et il n'y a pas lieu de s'en inquiéter. Des adultes adoptent aussi ce mode d'alimentation, ce qui n'est pas dans notre culture, mais d'un point de vue biologique n'est pas contestable. Par exemple, il est conseillé aux femmes enceintes ou aux diabétiques de manger cinq à six fois par jour en quantités équilibrées et réduites.

■ Éviter les tentations

Vers 7 ans, l'enfant à qui l'on donne des chocolats pour Pâques, par exemple, les picorera toute la journée. Il lui sera difficile de ne pas se laisser tenter. Une expérience menée aux États-Unis révèle à quel point il est difficile pour un enfant de résister à une friandise: des chercheurs ont placé des enfants à table devant un chamallow. Après leur avoir donné un premier chamallow, ils leur ont promis de leur donner un second bonbon seulement s'ils ne le mangeaient pas tout de suite, mais qu'ils attendaient que l'expérimentatrice revienne. Une épreuve difficile pour ces enfants gagnés par la frustration, l'envie, la tristesse. Certains léchaient le sucre sur le chamallow, en reniflaient l'odeur ou chipaient de tout petits bouts… Cette expérience permet de comprendre à quel point la volonté est mise à mal devant la tentation alimentaire. Tout ça pour dire que si l'on met un paquet de bonbons sous le nez d'un enfant, il ne faut pas s'étonner de retrouver trois ou quatre papiers de bonbons par terre. On ne peut pas lui demander de faire ce que nous, adultes, avons déjà du mal à faire: résister à la tentation de manger quelque chose de facile et bon à manger, car sucré.

■ Éviter les frustrations

Entre 7 et 10 ans, le grignotage peut prendre une tournure psychologique. Si vous trouvez un paquet de gâteaux caché sous le lit de votre enfant, il se peut qu'il cherche à exprimer un problème de cette façon. Cela intervient chez un enfant de plus de 7 ans à qui l'on aurait interdit de manger des gâteaux, quelle qu'en soit la raison. Ce peut être aussi parce qu'il a toujours vu sa maman au régime, s'interdisant le moindre aliment sucré. Cet enfant entre alors dans un modèle de restriction cognitive (voir chapitre 13) car, ne pouvant manger certains aliments, il se sent frustré. Lorsque l'occasion se présente de manger des aliments interdits, il les mangera gloutonnement, en cachette, en ressentant de la culpabilité.

■ Le grignotage, faux ami de l'enfant

À partir de 7 ans, il arrive que l'enfant considère la nourriture comme une sorte d'ami. C'est notamment le cas des enfants laissés seuls devant la télévision. Quand ils rentrent de l'école, ils attrapent dans les placards tout ce qui leur tombe sous la main et s'installent devant la télévision pour goûter, pour grignoter. Un type de comportement que l'on observe quand un enfant est mal dans sa peau, qu'il a du mal à s'exprimer, qu'il est en échec scolaire ou qu'il subit des moqueries… Il trouve alors un peu de réconfort dans le grignotage d'aliments essentiellement sucrés. Le sucre est connu pour apporter du réconfort à l'organisme, car il permet de fabriquer une hormone appelée sérotonine, qui est une hormone de détente, d'apaisement.

Télévision et grignotage vont de pair

Une étude menée par des spécialistes de la petite enfance de l'université de Montréal, du CHU Sainte-Justine et de l'université du Michigan a permis de confirmer les effets néfastes de la télévision sur la santé. Ainsi, chaque heure de trop passée devant le petit écran, soit plus de deux heures par jour pour les enfants de 2 à 5 ans, se traduirait par une diminution de 9 % de l'activité physique, une augmentation de 9 % de la consommation de boissons gazeuses sucrées, et de 10 % du grignotage. Cette étude a montré qu'à 10 ans, les enfants trop exposés avaient un indice de masse corporelle de 5 % supérieur à la moyenne. Selon Linda Pagani, qui a dirigé l'étude, « *Regarder un écran de télévision est une activité intellectuelle passive qui se substitue à d'autres, plus enrichissantes et plus propices au développement cognitif, comportemental et moteur* », comme le jeu ou l'interaction avec autrui. De même, elle rappelle qu'il n'est pas recommandé de placer un enfant de moins de 2 ans devant le petit écran.

▪ Source : Étude canadienne, publiée le 3 mai 2010 dans *Archives of Pediatrics & Adolescent Medicine*, menée par des spécialistes de la petite enfance de l'université de Montréal, du CHU Sainte-Justine et de l'université du Michigan auprès de 1 314 enfants, dont les parents avaient indiqué le temps passé devant la télévision à 29 mois, puis à 53 mois.

Un enfant qui chercherait donc à combler un manque serait plus tenté par le grignotage. Ainsi, un plein gastrique viendra au secours de la carence affective non résolue et l'enfant choisira alors ce qu'il préfère manger. C'est le cas des enfants qui se sentent seuls ou mal aimés. Avoir le ventre plein les rassure, même s'ils trouvent cette réponse alimentaire insatisfaisante. Ce type de grignotage est synonyme d'un profond malaise et représente alors la partie immergée de l'iceberg qui doit alerter les parents, se devant alors de chercher la source du problème. Cela peut être lié à des conflits entre les parents, à des problèmes à l'école, au décès du papi, etc.

Quand manger devient un cercle infernal

Le grignotage entraîne aussi pour un enfant la perte des sensations de faim et de satiété, des repères pourtant essentiels. Un enfant qui mangera dans sa chambre un paquet de gâteaux à 18 h va arriver à table sans avoir faim. Mais comme il n'était pas censé avoir mangé ces gâteaux, il va se forcer à dîner pour donner l'illusion que tout va bien ; ou bien il ne mangera pas au risque d'avoir faim plus tard et donc de reprendre un autre paquet de gâteaux. On est dans une spirale infernale. Son comportement de grignoteur va créer une lacune, une frustration et une restriction. Cela l'empêchera de manger comme les autres. Certains adultes racontent qu'enfant, parce qu'ils étaient en surpoids, ils ne pouvaient jamais avoir le même goûter que leurs camarades, et dès qu'ils en avaient l'occasion, ils échangeaient leur pomme contre une barre chocolatée.

Le grignotage, facteur de déséquilibre alimentaire

Les résultats d'une étude menée par l'institut MediQual Research pour SEB auprès de médecins généralistes révèlent que 8 médecins généralistes sur 10 estiment que le grignotage est un des principaux facteurs de déséquilibre alimentaire. Concernant les enfants et les adolescents, les médecins incriminent les excès de sucre dans 91 % des cas, puis le grignotage dans 82 % des cas. Enfin vient le manque de variété dans l'alimentation pour 78 % des enfants.

▪ Source : Cette étude a été réalisée *via* Internet par l'Institut MediQual Research, à la demande de SEB, entre le 25 mai et le 5 juillet 2010, auprès de 295 médecins généralistes français. Les résultats bruts ont été redressés pour constituer un échantillon représentatif des médecins généralistes selon les données de la Drees (Direction de la recherche des études de l'évaluation et des statistiques).

Regard inquisiteur et jugement de l'adulte

Contrairement à l'adulte, le grignotage n'entraîne pas systématiquement de la culpabilité chez l'enfant. C'est surtout l'adulte qui va porter sur lui un regard de jugement, lui disant : « Ce n'est pas normal que tu grignotes, ce n'est pas bien de grignoter. » L'enfant, quant à lui, pense avant tout à se faire du bien. Il n'a pas conscience des conséquences néfastes qu'engendre son comportement alimentaire.

Une fois que les parents ont cerné le problème de leur enfant, il est important qu'ils ne cèdent pas aux jugements, mais qu'ils s'interrogent sur le moyen de l'aider à résoudre le problème. Si un enfant à moins de capacités de dissimulation qu'un adulte, il lui arrive de laisser des traces pour qu'on lui vienne en aide, comme oublier des paquets de gâteaux vides dans sa chambre. Il serait alors mal venu de vouloir faire le gendarme en verrouillant les placards ou en fouillant dans la chambre de votre enfant pour vérifier qu'il ne s'est pas acheté de nourriture en cachette. Empêcher son enfant d'avoir accès à l'alimentation risquerait de créer de la frustration, l'inciterait à transgresser ce qui lui est interdit, et ne ferait que conforter son comportement. En revanche, vous pouvez éviter d'acheter des aliments trop « tentants » (confiseries, gâteaux, etc.). Vous devez surtout privilégier la parole : abordez calmement le sujet avec votre enfant sous forme de petits débats tout en passant des messages éducatifs, de soutien et des conseils. Et n'oubliez pas que l'apprentissage se fait avant tout par l'exemple : un enfant sera moins tenté de grignoter si vous vous efforcez vous-même à ne pas grignoter.

Comment éviter le grignotage ?

Voici quelques recommandations du programme national Nutrition santé. Tout d'abord, il faut savoir que lorsqu'on grignote, l'estomac travaille en permanence, et il en prend l'habitude. Déréglé, il n'arrive plus à reconnaître la « vraie » sensation de faim. Pour arrêter de grignoter toute la journée, il est nécessaire de respecter le rythme de quatre repas par jour, en essayant de les prendre à heure fixe. Pendant le repas, il est recommandé de consommer des féculents (pâtes, pain, riz, etc.) qui apportent de l'énergie pour tenir jusqu'au repas suivant.

En cas de petit creux, il est conseillé de choisir plutôt un fruit, accompagné de deux tranches de pain et d'un carré de chocolat. De même, il est recommandé de faire au moins trente minutes d'activité physique par jour : c'est un bon moyen de dépenser une partie de l'énergie consommée. Les parents peuvent encourager leurs enfants à prendre les escaliers au lieu de l'ascenseur, ou à aller à l'école à pied ou en vélo quand c'est possible. La piscine, souvent très appréciée des enfants, est excellente pour tous les muscles du corps.

▪ Source : PPNS, www.manger-bouger.fr

■ Ne pas diaboliser le grignotage

Face au grignotage, vous devez rester ferme. Il n'y a aucune raison pour que votre enfant, sous prétexte que c'est un grignoteur, soit autorisé à manger des produits trop sucrés ou trop salés, tels les chips ou les bonbons. Ces produits doivent être consommés exceptionnellement, de préférence de manière partagée, lors d'un goûter ou d'un apéritif. C'est l'habitude qui est dangereuse. S'ils viennent remplacer le fruit et le yaourt du dessert, de temps à autre, ce n'est pas dramatique.

Certains diététiciens disent : « Si votre enfant aime grignoter, donnez-lui des tomates cerise et des bâtonnets de carottes. » Mais l'idée d'un grignotage diététiquement correct est saugrenue. Cela laisse entendre que le grignotage est accepté sous prétexte qu'il est peu riche en calories. C'est le comportement compulsif, pas le contenu de l'assiette, qu'il faut comprendre pour l'arrêter.

Toutefois, le grignotage ne représente pas forcément un danger sur le plan physique puisque de nombreuses personnes utilisent ce mode de prise alimentaire sans que leur santé en pâtisse. Mais pour d'autres, le grignotage va engendrer des problèmes de poids. Et l'adulte, obsédé par le risque d'obésité, pense : « Mon enfant grignote, donc il va grossir, donc il risque de devenir obèse. » Le vrai danger n'est pas l'obésité, mais de passer à côté d'un problème d'ordre affectif et psychologique. « Comment pourrais-je aider mon enfant à avoir confiance en lui ? » est déjà une bonne question à se poser pour les parents soucieux de trouver des réponses susceptibles d'interrompre le comportement suspect. Une fois les réponses trouvées, l'enfant ira mieux.

Les outils de PsychoEnfants

Le tableau des repas

Réalisez un joli tableau en trois parties : le petit-déjeuner, le déjeuner et le dîner. Dessinez une montre dans chaque case qui indique l'heure des repas (8 h, 12 h, 19 h), puis inscrivez les aliments correspondant à chacune des parties : lait et tartines pour le matin, légumes et poulet pour le midi, etc. Placez le tableau des repas à côté de l'horloge de la cuisine. Votre enfant pourra alors comparer ce qu'il a dans son assiette avec ce qui est inscrit sur le tableau en fonction de l'heure. Ce procédé l'amusera, le rassurera et l'aidera à mieux comprendre les règles des repas (heures fixes et diversification alimentaire).

Les bons gourmands

Pour que votre enfant perde l'habitude de grignoter en cachette, posez sur une étagère dans le placard (choisissez une hauteur qui lui est inaccessible) une affichette où vous inscrirez « gourmandises de famille ». Découpez ensuite avec votre enfant des petits cartons dans du papier de couleur où vous inscrirez au marqueur « bons gourmands ». Selon l'âge de votre enfant, donnez-lui deux ou trois petits cartons, à utiliser quand il veut dans la semaine. Un bon gourmand vaut pour une gourmandise du placard (un gâteau, un petit paquet de chips, un sachet de bonbons...). Lorsqu'il éprouve l'envie de manger une douceur, il n'a qu'à vous demander d'échanger un bon contre des bonbons. Ainsi, vous ne lui interdisez pas de manger ses aliments favoris, vous ne faites que réguler sa consommation. Pour lui montrer qu'il est inutile de se cacher pour manger, partagez les gâteaux ou les bonbons et mangez-les ensemble ; il appréciera ce plaisir partagé.

Mon enfant me fait tourner en bourrique : ses goûts changent !

Chapitre 12

« Les repas à la maison sont devenus difficiles, car il m'est impossible de prévoir si ma fille Liza va toucher à son assiette quand je ne me contente pas de lui faire des pâtes, de la purée ou du riz. Un jour, elle adore les courgettes, puis le lendemain elle me dit qu'elle n'aime pas ça. Me fait-elle tourner en bourrique ou est-il possible que ses goûts évoluent aussi vite ? J'ai d'autant plus de mal à la comprendre, que j'ai moi-même des doutes sur mes capacités de cuisinière. »

Cette petite fille manifeste un comportement versatile en matière de goûts alimentaires. Un jour elle accepte un aliment, le lendemain elle le rejette. On peut comparer l'évolution du goût chez l'enfant à de petits épisodes de néophobie (voir le chapitre 5).

Cette mère doit comprendre que les goûts alimentaires des enfants ne sont pas encore fixés. C'est un comportement classique, d'autant que l'enfant peut s'en servir pour s'opposer à sa mère qui lui a montré plus d'une fois que l'alimentation est un enjeu pour elle : en doutant de ses talents culinaires, elle doute de sa capacité à être une bonne mère. Abordons dès à présent l'apprentissage et le développement du goût chez les enfants. Ainsi, nous expliquerons leur changement de goûts et comment les parents peuvent réussir à mieux s'y adapter. Des pistes pour comprendre plus facilement le message caché du rejet d'un aliment seront également données. Enfin, nous verrons comment les mamans peuvent reprendre confiance en elles et arrêter de voir la cuisine comme une épreuve dont l'enfant est juge.

■ Éviter les projections parentales en matière de goût

Entre 3 et 10 ans, les goûts alimentaires des enfants sont encore versatiles, car ils découvrent les saveurs et les différentes manières de préparer les aliments. Leurs goûts ne sont pas encore arrêtés.

En matière de goût, les parents doivent prendre garde à ne pas projeter sur leur enfant leurs propres goûts, en se disant que leur enfant ressent forcément le même plaisir ou la même aversion qu'eux. Un adulte qui affirme ne pas aimer un aliment est sûr de son choix, car il a déjà fait l'effort d'en manger plusieurs fois ou a éprouvé un réel dégoût quand il en a mangé.

Par quoi notre goût est-il guidé ?

Au début d'un repas, tous les sens stimulent la consommation des aliments. L'appréciation des aliments est ainsi déterminée par un éventail de perceptions sensorielles : l'arôme, le goût, la texture, la température, l'aspect visuel et auditif (le croustillant, le fondant), la taille de la portion... Si, de manière universelle, on retrouve chez les nouveau-nés un attrait pour le sucré et un rejet de l'amer, à l'âge adulte la diversité des goûts et des aversions alimentaires est immense. Au-delà de dispositions innées d'acceptation ou de rejet, les préférences, les goûts et dégoûts alimentaires sont acquis grâce à un mécanisme d'apprentissage où les aliments énergétiques seront préférés. Par exemple, chez des enfants à qui l'on offre des yaourts de densité énergétique différente et marqués d'une saveur distincte, on observe l'établissement

.../...

d'une préférence pour les produits énergétiquement denses. Les caractéristiques sensorielles fonctionnent donc comme un guide permettant au mangeur de choisir ses aliments et sa consommation en fonction de ses besoins nutritionnels présents ou anticipés.

Aussi, faites attention à ne pas transmettre vos doutes sur le goût de certains aliments. « On m'a dit qu'il fallait donner des petits-suisses nature à mon enfant, mais je trouve que ce n'est pas très glamour », dit cette mère qui, visiblement, imagine que son enfant ne pourra apprécier ce dessert fade qu'elle ne mangerait pas elle-même. Évidemment, l'enfant s'appropriera le dégoût de sa mère et rejettera les petits-suisses nature.

Par ailleurs, l'habitude peut aussi opérer comme un frein dans l'évolution du goût de l'enfant. Si vous servez tout le temps des desserts aromatisés à votre enfant et qu'un jour, vous lui présentez un dessert lacté nature, il va le trouver aigre, fade. Votre enfant, habitué au yaourt beaucoup plus sucré, risque de repousser ce dessert, n'ayant comme référence que ce qu'il connaît. D'autant qu'il est plus facile de passer d'un goût neutre à un goût plus épicé, plus fort, que l'inverse.

Enfin, ne vous laissez pas déstabiliser face à la versatilité du goût de votre enfant. Par exemple, une maman prépare un jour des courgettes, que son enfant mange avec plaisir. Le lendemain, elle prépare à nouveau des courgettes, mais là, il prononce un « J'aime pas ». Il y a dans cette phrase et dans sa manière de le dire quelque chose qui hérisse sa mère, car elle sait qu'il en a mangé la veille. S'installe alors le doute :

« Mais comment est-ce possible ? » Ne vous laissez pas déstabiliser par ce « J'aime pas » qui semble vouloir dire « Je n'aimerai plus jamais ». Et ne perdez pas de temps à savoir ce qu'il n'aime pas dans les courgettes, il y a fort à parier qu'il n'a pas le vocabulaire pour l'expliquer. Dire « C'est pas bon » peut ébranler certaines mamans un peu plus fragiles mais, en réalité, leur enfant ne fait qu'exprimer à ce moment précis que cet aliment n'est pas agréable dans sa bouche. Et le lendemain, il y a des chances que cela évolue encore.

Le goût de l'enfant se forge dans le ventre de sa mère

Une étude américaine présentée lors d'un congrès de l'American Psychiatric Society insiste sur l'influence de la mère durant la grossesse et les premiers mois de la vie sur les futurs goûts alimentaires de l'enfant à naître. Ainsi, les chercheurs du Monell Chemical Senses Center de Philadelphie (États-Unis) ont constitué trois groupes de femmes enceintes. Le premier groupe a consommé du jus de carottes quatre fois par semaine pendant trois semaines à la fin de la grossesse, puis de l'eau après la naissance. Le deuxième groupe a consommé de l'eau à la fin de la grossesse, puis du jus de carottes pendant les deux premiers mois de la période de lactation. Enfin, le groupe témoin était constitué de femmes qui buvaient de l'eau avant et après la grossesse. Les chercheurs ont ensuite surveillé l'introduction de céréales dans le régime alimentaire des bébés vers 5 mois et demi. Dans un cas, ces céréales étaient accompagnées de jus de carottes, dans l'autre, elles étaient accompagnées d'eau. Les scientifiques ont alors remarqué que les enfants habitués au jus de carottes, que ce soit dans le ventre de leur mère ou lors de

.../...

la tétée, consommaient significativement plus de céréales au goût de carotte que les autres. De plus, ces bébés avaient l'air de beaucoup plus apprécier les repas goût carotte, d'après les mères chargées de noter leur satisfaction. Cette étude prouverait ainsi le rôle prédominant de la mère dans la formation des goûts de l'enfant en matière alimentaire. De même, ces scientifiques ont pu démontrer que certains aliments, tels l'ail, la menthe, la vanille ou l'alcool, modifiaient le goût du lait maternel. « *La recherche sur les animaux a montré que cette exposition à une saveur dans le ventre de la mère ou par la tétée entraînait des préférences à long terme. C'est certainement une des manières utilisées pour que les petits de mammifères apprennent quels aliments sont sans danger et peuvent être ainsi consommés* », précise la responsable de l'étude, Julie Menella.

▪ Source : Étude menée de janvier à décembre 2009 par une équipe de chercheurs du « Monell Chemical Senses Center de Philadelphie » (États-Unis) et présentée en juin 2010 au congrès de l'American Psychiatric Society.

■ La versatilité, une question d'environnement

Certains enfants jouent aussi avec la versatilité de leurs goûts selon les endroits où ils sont, ce qui peut avoir le don d'agacer les parents. Combien d'enfants se délectent avec la tarte à la courgette préparée par la nounou et refusent celle concoctée par leur mère ? Dans une telle situation, et à juste titre, les parents ne comprennent pas ce qui est en train de se passer. On peut imaginer que l'enfant ne se permet pas ailleurs ce qu'il se permet chez lui. Soit que l'enfant sait qu'à la maison on admet ses changements de goûts, soit qu'il sent qu'ailleurs l'alimentation n'est pas un enjeu. Aucune pression ne pèse sur lui, il ne voit pas d'intérêt à entrer en conflit au sujet de l'alimentation en dehors de chez lui. Pour la mère, cet investissement affectif du champ alimentaire est lourd. On observe que dans les fratries importantes, les enfants usent moins de la versatilité de leurs goûts, car l'attention de la maman est portée sur tous ses enfants, ce qui la rend moins réceptive aussi. Un enfant pris dans le chantage affectif de sa mère ou de son père mangera avec plus de difficultés qu'un enfant libre de ses goûts et de ses besoins alimentaires.

L'influence des parents sur les habitudes alimentaires de l'enfant remise en question

Quelle est l'influence des parents sur les habitudes alimentaires de leurs enfants ? Quasi nulle comparativement à la nourriture servie à la cantine par exemple. C'est du moins ce qu'ont tenté de démontrer des chercheurs américains de l'université John Hopkins après avoir passé au crible toutes les études menées dans le monde sur le sujet entre 1980 et 2009. Au total, 39 ont été retenues en mettant en évidence qu'il existait «*contrairement à une croyance populaire [...] une faible association entre les habitudes alimentaires des parents et des enfants. [...] On explique cela parce que le profil alimentaire des enfants est influencé par de nombreux facteurs complexes et que l'environnement familial ne joue qu'un rôle partiel*». En outre, l'enquête révèle que l'influence parentale, quand elle existe, tend à disparaître au fil du temps.

▪ Source : Y. Wang, *et al.*, «*Do children and their parents eat a similar diet ? Resemblance in child and parental dietary intake: systematic review and meta-analysis*», *Journal of Epidemiology and Community Health*, 2011, vol. 65, p. 177-189.

Vouloir prouver ses compétences en cuisine

Dans le cas évoqué au début du chapitre, la mère avoue douter de ses capacités culinaires. En cuisinant, certaines mères cherchent à bien faire, à montrer qu'elles sont de bonnes mères, tout en ayant peur de ne pas savoir cuisiner correctement pour leur enfant. Certaines se disent : « Si je ne cuisine pas très bien, comment pourrai-je retenir l'intérêt de mon enfant pour mes plats ? » Ces mamans se dénigrent en se disant : « Je ne suis pas capable de faire apprécier la cuisine à mon enfant, donc de le nourrir, donc de lui faire plaisir, donc je ne suis pas une bonne maman. » Ce genre de réflexion est d'autant moins adapté que la maturité gustative du petit enfant n'est pas construite. Il n'a pas encore de repère de goût. Par exemple, il ne distingue pas une omelette bien cuite d'une omelette baveuse, ni si elle est bonne ou mauvaise. C'est justement lorsque l'enfant est encore jeune et sans exigences particulières, que les femmes devraient se faire la main en cuisine si elles le souhaitent.

Lorsqu'une mère nourrit son enfant, elle veut évidemment éviter de le rendre malade à cause d'un manque d'hygiène. C'est entre autres pour cela que certains parents font davantage confiance à l'hygiène de l'industrie agroalimentaire qu'à l'hygiène de leur propre cuisine ou de leur mode de conservation et de cuisson. Ils vont se sentir rassurés par la traçabilité des produits proposés par les grandes marques. C'est un phénomène assez récent, car il y a moins de trente ans, l'offre et la qualité, en termes d'hygiène des produits issus de l'agroalimentaire, n'étaient pas aussi grandes qu'aujourd'hui.

Que vous cuisiniez vos plats vous-même ou que vous réchauffiez des plats déjà préparés, prenez du recul avec les goûts fluctuants de votre enfant, et dites-vous que cela finira par passer.

Conserve, surgelé ou produits frais…
Que faut-il en penser ?

Qu'une mère serve à son enfant un plat déjà préparé congelé, surgelé ou directement sorti de chez le traiteur a le même impact sur l'enfant : c'est-à-dire aucun. D'une part, avec des plats tout prêts, la mère n'a pas réfléchi à ce qu'elle pourrait préparer à son enfant pour lui faire plaisir. D'autre part, l'enfant ne peut pas se familiariser avec les aliments, car il n'y a pas eu transformation des produits. L'enfant imagine donc les produits étant tels qu'il les voit dans son assiette. Mais, entre le plat industriel « tout prêt » et aller au marché avec l'enfant ou faire pousser ses légumes, il existe de nombreux intermédiaires.

Un de ces intermédiaires est la cuisine d'assemblage. Par exemple, une mère de famille peut préparer un plat en utilisant des légumes lavés, coupés, surgelés, mais nature (qui sont tout aussi intéressants nutritionnellement que des légumes frais) et les cuisiner elle-même en y ajoutant sa sauce et un assaisonnement personnel. Pour la mère, c'est un gain de temps car très souvent les femmes travaillent, font les courses, vont chercher l'enfant à l'école… Elles ne peuvent pas forcément se permettre de passer des heures en cuisine. Il suffit alors parfois de prendre une pâte à tarte, du thon en conserve, de la ratatouille surgelée, des œufs frais et de la crème pour réaliser soi-même, à partir de ces ingrédients, une délicieuse tarte salée qu'il suffira de mettre

…/…

au four. Cuisiner, c'est aussi fabriquer un plat à partir de différents ingrédients, frais ou non, afin que les bonnes odeurs de cuisine flottent dans la maison... En revanche, les légumes en conserve, chauffés à très haute température pour être conservés, perdent de leur intérêt nutritionnel. Bien sûr, un haricot vert en boîte va demeurer intéressant parce que cela reste un haricot vert, donc il contient des fibres, peu de sucre et beaucoup d'eau, mais il aura perdu presque toutes ses vitamines et ses minéraux. Pour faire découvrir le vrai goût des aliments, la conserve n'est pas idéale, car ces aliments sont souvent protégés par une saumure, dans le cas des conserves salées, et par du sirop pour les conserves sucrées, ce qui altère le vrai goût de l'aliment.

Prendre du recul

Durant la période où les goûts de l'enfant évoluent, la distanciation de la mère est très importante. La façon dont elle va réagir à la réception du message « C'est pas bon » est essentiel, car elle risque de créer un problème, là où il n'y en avait pas. Par exemple, si la maman se met en colère, fond en larmes, se sent récusée comme si elle passait devant un jury qui lui dirait « Tu n'es pas une bonne maman », elle pense alors être incapable de bien faire ou de tenir son rôle de mère. C'est dans ces conditions que l'enfant va se mettre à en jouer et à vouloir braver sa mère. Mère et enfant interagissent. La bonne réaction serait plutôt de dire calmement : « Je ne comprends pas pourquoi tu n'aimes pas ça aujourd'hui. Tu trouvais ça bon hier. Mais si tu n'aimes pas, je t'enlève l'assiette et on passe à la suite du repas. Demain est un autre jour. » Ces propos sont ceux d'une mère qui accepte que son enfant soit versatile. À l'inverse, si elle a l'impression qu'il y a un message de refus derrière ce « J'aime pas », elle le vit comme un rejet. Une tension se crée et l'enfant prend conscience qu'il peut avoir de l'emprise sur sa mère par le biais de l'alimentation, qu'il peut la faire tourner en bourrique. Là aussi, c'est une question de limites : « Jusqu'où je laisse mon enfant entamer ma confiance en moi, mon estime de moi, et altérer ma certitude d'être la bonne personne au bon endroit pour élever et nourrir cet enfant ? » C'est à la mère de donner le tempo de la relation, sans quoi l'enfant le renverse.

De même, on entend souvent des mamans dire : « Je t'ai fait des courgettes, mais j'imagine que tu vas me dire que tu n'aimes pas. » Ce sont souvent des mamans qui n'ont pas conscience de la versatilité du goût des enfants et croient qu'un refus est irrémédiable. Cette attitude encourage l'enfant à adopter une position qu'il connaît. En effet, plus la mère persistera à croire que rien ne peut changer, plus elle aura de chance de figer le comportement de son enfant par rapport à un aliment.

Ainsi, l'enfant n'a pas une palette de goûts aussi large que la nôtre. Ses goûts sont encore instables, et l'indécision de l'enfant n'est pas pour autant un message adressé à sa mère, mais davantage une affirmation que ses goûts changent.

Les outils de PsychoEnfants

La carte

Proposez à votre enfant d'établir lui-même son menu de la semaine. Sur un petit carnet, prenez une page par jour et divisez-la en deux parties (la première pour le midi, la seconde pour le soir). Précisez toutefois à votre enfant les ingrédients indispensables à ses repas pour qu'ils soient équilibrés. Puisque c'est votre enfant qui choisit ce qu'il mange, il ne refusera pas ce que vous lui servirez dans la semaine, et ce sera pour lui l'occasion de se sentir responsable.

La palette des goûts

Il s'agit de faire régulièrement goûter divers aliments à votre enfant, puis de le faire parler des sensations qu'il éprouve. Cette expérience permet de favoriser la diversification de l'alimentation et vous oriente dans le développement de ses préférences alimentaires.

Le *scrapbooking* des repas

C'est un loisir créatif consistant à introduire des photographies dans un décor en rapport avec le thème abordé, ici les repas de famille, dans le but de les mettre en valeur par une présentation plus originale qu'un album photo. C'est l'occasion de coucher sur le papier l'histoire d'une famille et ses rapports à l'alimentation. Pour cela, choisissez un petit album et n'oubliez pas de prendre des photos des convives et des plats pendant les repas : bonne ambiance à la maison, sortie au restaurant, plats particulièrement appréciés par votre enfant... Puis, amusez-vous avec votre enfant à coller les photos, écrivez le nom de plats qu'il a aimés, et les prénoms des personnes présentes, puis décorez le tout de stickers, images à découper sur le thème de l'alimentation : fruits, légumes, coloriages et collages de papiers de toutes sortes, images découpées dans des magazines ou sur des emballages des produits... Grâce à ce livre, l'enfant développera sa créativité et prendra plaisir à se souvenir des moments agréables pendant les repas.

La règle des préférences

Dans du carton rigide, fabriquez avec votre enfant une règle de 20 cm de hauteur sur 3 cm de largeur. Tous les 4 cm tirez un gros trait noir. Vous obtiendrez ainsi cinq parties distinctes que vous colorierez en dégradé (du jaune au rouge en passant par différents oranges). Sur la partie jaune, inscrivez : « J'adore, cela me fait plaisir de manger », puis en remontant vers le rouge « J'aime, mais je n'ai pas très faim », « J'aime, mais je n'en ai pas très envie », « Je n'aime pas trop ce goût », « Je déteste ce goût ». Si votre enfant est petit, vous pouvez remplacer les phrases par des petits dessins. À chaque repas, donnez-lui cette règle et demandez-lui d'indiquer une case. Cela vous permettra de mieux vous fixer sur ses goûts et, en cas de rejet, de mieux en comprendre la raison.

Recettes de famille

Fabriquez avec votre enfant un livre de recettes. Séparez le cahier que vous aurez choisi en deux parties : au début, ses recettes favorites comme la mousse au chocolat noisette et le gratin de pommes de terre et, dans la seconde partie, les recettes fantasques qui ne se mangent pas, comme un plat à base de poisson et de fourmis... C'est lui qui décide ce qu'il met dans son livre de recettes et la façon dont il veut l'organiser. Ce livre vous permettra de mieux connaître ses goûts et vous saurez quoi préparer pour lui faire plaisir. Et s'il rechigne à manger, faites semblant de prendre le livre de recettes et dites-lui que vous allez préparer une de ses recettes peu ragoûtantes. Nul doute qu'il trouvera alors votre plat plus alléchant.

Je surveille son alimentation et son poids

Chapitre 13

« Pain, pâtes, gâteaux apéritifs, fromage… Mon fils ne mange la viande que sous forme de nuggets *et le poisson doit aussi être pané ! À seulement 6 ans, il n'a d'yeux que pour les aliments gras et sucrés. Comme j'ai peur qu'il prenne du poids, je me suis mise à surveiller de près son assiette, tout comme la balance. Pour le moment, il n'a pas anormalement grossi, mais j'aimerais lui donner le goût d'une alimentation saine, car cela me rend nerveuse de le voir avaler ces cochonneries. »*

Comme nous le savons, les enfants ont une tendance naturelle à se diriger vers les aliments gras et sucrés, et ce petit garçon ne fait pas exception. Toutefois, à entendre sa mère, il mange de la viande, du poisson, du fromage et des féculents… Seuls les fruits et les légumes semblent absents de son alimentation, un peu riche certes, mais variée… En réalité, plus qu'un problème alimentaire, c'est la façon dont cette mère perçoit ce qu'il mange qui pose problème, puisqu'il n'a pas pris de poids. Cette maman se comporte en gendarme à la chasse aux potentiels kilos en trop.

Tout d'abord, nous expliquerons pourquoi les enfants sont d'instinct attirés par les aliments riches en gras et en sucre. Puis, nous tenterons d'aider cette maman à mener son enfant vers une alimentation plus équilibrée, sans pour autant qu'elle supprime les aliments dits hypercaloriques. Nous verrons également pourquoi cette maman est tellement inquiète de voir son enfant grossir, et comment elle peut parvenir à prendre plaisir à voir son enfant manger. Le tout, sans penser aux calories qu'il absorbe…

■ L'alimentation hypercalorique

Les enfants mangent gras et sucré sans que cela n'ait d'incidence sur leur santé parce qu'ils aiment ce qui les rassasie autant que de besoin. Dans des proportions idéales, leur alimentation doit se composer de 8 à 15 % de protéines, 30 à 35 % de lipides (gras) et 50 à 55 % de glucides (sucre rapide et sucre lent). Donc, en réalité, 80 à 90 % de leur alimentation est grasse ou sucrée. De façon générale, l'homme s'est toujours tourné vers une alimentation rassasiante. L'enfant le fait, lui, de manière très intuitive.

■ Faire des compromis entre le frit et la vapeur

Si les besoins de l'enfant sont différents de ceux d'un adulte, cela ne veut pas dire qu'il faut le laisser manger n'importe quoi de gras et sucré sans essayer de le mener vers une nourriture plus saine. Cette maman devrait se demander comment faire pour que son enfant préfère des aliments sains aux produits hypercaloriques (gâteaux apéritifs, pâtes à tartiner, préparations fromagères) que l'on trouve dans les supermarchés. Toute la difficulté est de savoir faire des compromis entre les légumes vapeur et la nourriture de type fast-food. Deux possibilités existent. La première serait de se dire : « Je le laisse manger ce qu'il veut, car il finira un jour par se tourner spontanément vers les fruits et les légumes. » En effet, on sait qu'à l'âge où l'enfant se sociabilise, il est en recherche de nouveautés et les aliments ne font pas exception. Cependant, si l'on part du principe que meilleures seront les habitudes si elles sont prises très jeune, il est préférable de mener son enfant vers certains aliments plutôt que d'attendre qu'il y aille seul. C'est la seconde possibilité.

■ Pourquoi surveiller son assiette ?

Les mères qui craignent que leur enfant grossisse ont souvent peur de grossir elles-mêmes. Ces peurs reflètent leurs difficultés à ne pas réussir à se contrôler sur le plan alimentaire. On remarque d'ailleurs que de nombreuses personnes, en particulier les femmes, tombent dans un contrôle excessif de leur alimentation.

L'explication est simple : nombreux sont les aspects de la vie difficiles à maîtriser, tandis que le champ alimentaire semble, lui, facile à contrôler. Ainsi, réussir à garder la ligne engendre un sentiment de surpuissance et d'autosatisfaction. En réalité, rares sont les personnes qui réussissent à contrôler complètement leur alimentation sur le long terme. Par contrôle, nous entendons l'effort de volonté qu'il faut faire pour se nourrir avec l'intention de ne pas prendre de poids ou d'en perdre.

On peut imaginer que cette femme a testé divers régimes, s'est restreinte pour maigrir ou pour conserver un poids stable, et qu'elle se contrôle en permanence. Elle éprouve donc le besoin de contrôler l'assiette de son enfant comme elle contrôle la sienne. Ce contrôle amène l'enfant à surveiller lui-même un peu son assiette, et à manger du concombre et d'autres légumes devant sa mère pour la rassurer. Mais, à long terme, fatigué de cette surveillance et ayant besoin de trouver son autonomie, l'enfant va se mettre à manger en cachette et avec gloutonnerie tous les aliments que sa maman lui interdit. Le tout, sans plaisir ni faim.

De la répression à la compréhension

Un problème alimentaire ne se gère pas par la répression, mais par la compréhension, le partage et l'échange. Du jour au lendemain, on ne peut pas servir à son enfant du fenouil bouilli et des poireaux en vinaigrette sous prétexte qu'il est temps qu'il se mette à manger plus équilibré. Le mieux est d'abord d'essayer de connaître les goûts de son enfant et, à partir de ses préférences, de le mener à apprécier d'autres aliments. Par exemple, s'il aime les *nuggets* et les cordons bleus, vous pouvez lui fabriquer un cordon bleu maison garni avec une petite purée de carottes. Pour cela, il suffit de couper une escalope de poulet en deux, de mettre du fromage, et de remplacer le jambon par de la purée de carottes qui a la même couleur rose orangée que le jambon. Puis, vous le laissez goûter et deviner ce qu'il y a dedans comme un jeu. Évidemment, ce n'est pas les 20 g de purée de carottes qu'il a mangée qui compte, mais c'est le fait de lui faire découvrir d'autres saveurs.

■ Attention au contrôle de l'assiette pour ne pas grossir

Les mères qui surveillent leur assiette et l'assiette de leur enfant sont dans la restriction cognitive. Ainsi, pour elles, l'acte de manger ne sert pas la vie, les besoins du corps ou le plaisir, mais le fait de ne pas prendre de poids prime sur tout le reste. Le concept de restriction cognitive existe depuis une trentaine d'années et reste encore obscur et très peu employé par les nutritionnistes. C'est un schéma mental qui vient remplacer l'alimentation intuitive qui répond aux besoins du corps. Certaines personnes mangent ce dont elles ont besoin sans se soucier de l'apport calorique. Elles se régulent naturellement car elles sentent les produits et les quantités dont leur corps a besoin, et ce sans prendre de poids durant des années. C'est ce que font les enfants en général, car ils ne cherchent pas à se faire du mal en mangeant des *donuts* ou des *nuggets*. Une mère qui est en restriction cognitive est une femme dont le champ de connaissance en matière d'alimentation se focalise sur le fait de ne pas grossir ou de maigrir. Elle ne va plus faire attention à son corps ni être à l'écoute des besoins qu'il exprime, mais va être dans un contrôle permanent : « Il est midi, je ne dois pas manger ce produit car il va me faire grossir ; je ne dois pas sauter un repas sinon je vais me ruer sur la nourriture plus tard… »

Ces femmes ne souffrent pas forcément de troubles alimentaires, mais on peut imaginer qu'elles se restreignent, qu'elles sont très hygiénistes ou orthorexistes (obsédées par l'ingestion d'une nourriture saine). À l'opposé de l'effet escompté, ces mères ont en général tendance à faire grossir leur enfant. Une étude a d'ailleurs été menée sur des mamans « restreintes chroniques » et sur des mamans dites « démocratiques » (qui se nourrissent normalement), ainsi que sur leurs petites filles de 5 ans, plus ou moins minces. Quatre ans plus tard, il résultait de cette étude que les fillettes des mamans démocratiques restaient minces ou avaient minci si elles étaient un peu rondes, tandis que les fillettes des mamans restreintes chroniques avaient toutes tendance à grossir. Cela démontre qu'une maman qui donne à son enfant des injonctions ou des informations visant à ne pas le faire grossir produit l'effet inverse. C'est tout à fait normal, car les enfants mangent de plus en plus en dehors de chez eux. Un enfant privé de gâteaux à la maison va donc se précipiter pour en manger dès qu'il ne sera plus sous la surveillance de sa mère, en se disant : « J'ai intérêt à en manger beaucoup car je n'en aurai pas l'occasion de sitôt. »

Mère boulimique ou anorexique

L'anorexie n'est pas contagieuse. La boulimie non plus. Il arrive cependant que des personnes aient des difficultés avec l'alimentation et l'image qu'elles ont de leur corps. Un parent anorexique aura tendance à surveiller de très près le poids de son enfant, non pas par crainte qu'il mange trop, mais au contraire, qu'il ne mange pas assez. Cet excès d'attention alerte l'enfant qui se trouve fragilisé par l'inquiétude de ce parent.

Les outils de PsychoEnfants

L'assiette surprise

Le but est de rendre attrayante l'assiette de votre enfant et de le surprendre pour lui donner envie d'y goûter. Tout d'abord, cachez-lui le contenu du menu. Cela attisera sa curiosité et bientôt, il s'empressera de venir à table pour voir la surprise que sa maman lui a préparée. Un simple œuf au plat peut être attrayant lorsqu'on y dessine des yeux et une bouche au ketchup et qu'on l'affuble d'oreilles avec des feuilles de salade. Si vous n'avez pas envie de vous lancer dans de la grande cuisine, il existe dans le commerce des tagliatelles de légumes (uniquement à base de légumes, donc sans féculents), des pommes dauphines à la carotte... Vous pouvez aussi faire des billes de melon ou des pommes au four. De temps en temps, faites-lui plaisir avec des chips aux légumes, très attirantes par leurs couleurs, et qui ont l'avantage d'être beaucoup moins grasses que les chips classiques. Cela demande des efforts d'imagination, mais l'apprentissage du plaisir de manger passe par là. À court d'idées ? De nombreux livres de cuisine proposent désormais des recettes étudiées pour les enfants.

Le jeu des sept familles alimentaires

Vous pouvez acheter dans le commerce ou fabriquer avec votre enfant un jeu des sept familles des aliments. L'avantage de le faire soi-même est que vous pouvez le personnaliser et y inscrire ce qu'il vous semble important d'inculquer à votre enfant. En effet, il existe sept familles d'aliments classées selon leur intérêt nutritionnel principal : la famille des produits laitiers, celle des fruits et légumes, celle des féculents, celle des protéines (viande, poisson, œufs), celle des matières grasses ajoutées, celle des produits sucrés et celles des boissons. C'est simple, chaque famille comporte sept cartes. Découpez préalablement dans des feuilles blanches 49 rectangles blancs. Puis collez des images et complétez par des informations alimentaires. Par exemple, pour la famille des protéines, il y aura sur une carte l'image des œufs, l'image d'un poulet, l'image d'un filet de bœuf, l'image d'un poisson... Sous l'image de l'œuf, marquez que l'œuf provient de la poule. Vous pouvez aussi y inscrire ses différentes formes (œuf au plat, brouillé, omelette, dur). Une fois les cartes achevées, il ne reste plus qu'à jouer. Ainsi, votre enfant se familiarise avec les différents aliments et intègre l'équilibre alimentaire par le biais du jeu. N'hésitez pas à glisser des pièges : par exemple, les lentilles font-elles partie de la famille des légumes, des féculents ou des protéines ?

Le bento

Un bento est une petite boîte compartimentée et colorée qu'utilisent les mamans japonaises. Elles y glissent un repas complet pour que leur enfant puisse le manger à l'extérieur. Ici, vous pouvez vous en servir pour lui donner envie de manger de tout et de manière équilibrée. L'intérêt principal du bento est qu'il permet de proposer à votre enfant différents mets présentés joliment, ce qui rend le repas attractif, sain et complet. Il n'y a plus qu'à faire marcher son imagination pour remplir cette drôle de boîte !

L'échiquier sensoriel

Ce jeu a pour but de faire comprendre à votre enfant que d'autres saveurs existent et peuvent être aussi agréables dans la bouche que les aliments très sucrés ou trop gras. Dites-lui de toucher et de sentir un aliment (que vous choisirez pour son aspect doux, piquant, croquant, mou), puis proposez-lui de le goûter et de vous dire ce qu'il en pense. Par exemple, il pourra trouver que le radis est dur, ne sent presque rien, mais pique dans la bouche.

Pratiquez une activité sportive

Si votre enfant a tout le temps faim, c'est peut-être qu'il s'ennuie. Manger devient alors pour lui un moyen de compenser. Proposez-lui de faire du sport (piscine, vélo, corde à sauter) dans un endroit où il n'y a pas de nourriture. Pendant qu'il se dépensera, il ne mangera pas. Mieux, il ne pensera même plus à manger et, en prime, il aura fourni un effort physique.

Légumes à volonté

Si vous savez que votre enfant a un bon coup de fourchette, servez-lui des repas et des collations comportant un peu de chaque groupe d'aliments sauf les produits sucrés. Apprenez-lui à bien mastiquer, un bon moyen de se sentir rassasié et, si malgré tout, il en redemande, donnez-lui uniquement des légumes.

La fondue chinoise

Préparez un bouillon de légumes, plus ou moins épicé. Placez-le au centre de la table sur un appareil à fondue, avec une large variété de viande, poisson et légumes déjà coupés. Chacun y plonge l'aliment choisi pendant trente secondes environ, puis le déguste. L'idée est d'alterner les aliments et de découvrir des goûts différents de ce que l'enfant mange d'habitude.

À table, je contrôle tout !

Chapitre 14

« À 19 h pile, tout le monde est assis à table. Et les assiettes sont déjà posées sur la nappe. Lorsque mon fils se met à manger, je l'épie et guette le moindre petit morceau de nourriture qui pourrait s'échapper de sa petite cuillère et qui pourrait se transformer en tache ! Quant à la composition de l'assiette, je veille soigneusement à ce que tout soit bien équilibré. Je peux dire que je ne laisse rien passer… J'aimerais apprendre à être plus souple, car cela me prive du plaisir que je pourrais éprouver à me retrouver à table avec mon mari et mon enfant. J'ai aussi l'impression d'étouffer mon fils, car il voit bien que les repas sont, pour moi, une source de problèmes. Sans compter que j'ai peur de lui transmettre mes petites manies… »

Cette mère, de peur de perdre le contrôle de sa vie, a développé un comportement de surcontrôle. L'alimentation est un champ de totale maîtrise, que ce soit pour les horaires, le contenu des repas ou la façon de manger ; rien ne reste en dehors de sa vue et de son jugement. Cette attitude trop stricte risque de perturber le rapport de son fils à l'alimentation. Est-il possible de comprendre un tel comportement ? Comment cette femme peut-elle s'assouplir ? Nous verrons les différences entre autorité et autoritarisme, petites manies et réelles obsessions afin que le repas puisse devenir un moment de plaisir pour toute la famille.

Contrôler l'alimentation pour se rassurer

Certaines femmes souffrent de leurs obsessions – qu'elles s'opèrent dans le choix des aliments, les horaires, l'hygiène – parce qu'elles freinent leur épanouissement et altèrent leur quotidien. Le plus souvent, elles l'imputent à l'environnement, aux autres, alors qu'il ne s'agit que d'elles. La sonnette d'alarme est alors tirée par leur famille ou leur mari, inquiets de ses comportements injustes et répétés. Ces femmes ne relâchent pas d'elles-mêmes la pression qu'elles exercent, encouragées parfois par leur propre enfant qui obéit et se plie à leurs manies.

Contrôler structure et rassure cette mère qui a très probablement peu confiance en elle. Dans le seul domaine de l'alimentation, le contrôle est assez facile puisque souvent les femmes cuisinent et organisent les repas. Généralement, ces femmes exercent aussi leur contrôle sur le ménage et le rangement. La maison est un lieu qu'elles dirigent, où elles se sentent le chef, et les enfants subissent de plein fouet cette rigidité due au manque d'assurance de leur mère.

L'othorexie ou l'obsession de manger une nourriture saine

L'othorexie est l'obligation que se donne une personne à manger correctement, et ce de manière très stricte (du grec *orthos* : droit, et *orexis* : appétit). Les personnes touchées sont en général celles qui ont le sentiment de ne pas bien gérer leur vie. À défaut de pouvoir contrôler leur vie sociale ou professionnelle, elles compensent en surcontrôlant tout ce qui tourne autour du champ

.../...

alimentaire. Ces personnes vont ainsi manger non pas par plaisir ou par faim, mais de façon à protéger leur santé. Elles appliquent scrupuleusement les consignes de santé publique (par exemple, les 5 fruits et légumes par jour), auxquelles elles ajoutent leurs propres consignes internes (qui se rapprochent souvent des troubles obsessionnels compulsifs). Bien que cette « maladie » ne soit pas répertoriée par l'OMS, comme l'anorexie ou la boulimie, les personnes qui en sont atteintes sont évidemment en très grande souffrance, tout repas à l'extérieur devenant pour elles synonyme d'angoisse.

■ Autorité et autoritarisme

Entre autorité et autoritarisme, la distinction est de taille. Les mères qui ont de l'autorité savent poser de façon claire les interdits et les règles à table, tout en gardant une forme de souplesse, d'espace de liberté dans les cadres imposés : elles peuvent exiger de leur enfant qu'il mange « un peu de tout » sans pour autant les forcer « à tout manger » sous peine de sanction. Les mères autoritaristes guettent le moindre petit morceau de nourriture qui pourrait s'échapper d'une petite cuillère. Elles crient, s'énervent et ne sont en général jamais satisfaites du comportement de leur enfant. Elles manifestent ainsi leur sentiment d'insécurité qui n'intervient pas dans l'autorité. Faire preuve d'autorité demande du calme, de la confiance dans ses décisions et les règles qu'on édicte. Une mère autoritariste perd ses moyens, s'affole, crie et il lui est alors impossible de réfléchir et d'agir calmement. Pour ces mères excessivement strictes, tout doit être contrôlé, maîtrisé, sous peine d'éprouver un sentiment d'inquiétude (mon enfant ne m'aime pas, il m'échappe, je ne le maîtrise plus) qui les mettrait en péril.

Les conséquences d'un régime strict sur l'enfant

Un enfant ne remet pas en cause la décision de sa mère. Il n'est pas capable d'apprécier si ce qu'elle lui donne à manger est bon pour lui, ni si son rapport à la nourriture est perturbé. Il fait confiance à sa maman. Plus tard, l'enfant devenu adulte pourra avoir un regard critique sur la vision qu'avait sa mère sur le champ alimentaire, et s'interrogera sur sa propre façon de se nourrir, sur l'autorité, et peut-être sur l'ensemble de ses comportements.

Pour qu'un enfant ait confiance en lui, il est important que ses parents aient confiance en eux. C'est aux parents de guider leur enfant, de le conduire vers l'autonomie, de le valoriser, de l'aider à se sentir responsable et à prendre de la distance avec les événements de la vie.

Les réactions de l'enfant face à l'autoritarisme

Certains parents cherchent, de façon excessive, paroxystique, à contrôler les repas de leur enfant. L'enfant réagira alors de deux manières à ce type de comportement. Soit il reproduira et transmettra à ses propres enfants ce qu'il connaît le mieux, ce qu'il a vu et entendu toute son enfance, sans se poser de questions. Soit, au contraire, il décidera que l'éducation qu'il a reçue ne lui a pas fait que du bien, et qu'il ne veut pas que ses enfants la subissent. Il arrive que des parents consultent un psychologue pour comprendre leurs troubles alimentaires ou pour comprendre ce qu'avait de nocif le schéma éducatif qu'ils ont subi enfant. Ce qui motive ces parents peut être une difficulté avec la nourriture ou avec l'hygiène alimentaire. Quoi qu'il en soit, ils en souffrent. Toutefois, l'enfant peut très bien grandir sereinement avec une maman trop stricte, puis à l'adolescence vouloir s'affranchir de ces règles. Rien n'est jamais figé.

■ Comment lâcher prise ?

Les mères qui souffrent d'hypercontrôle vont avoir à travailler sur la notion de lâcher prise, ce qui ne signifie pas laisser faire. Ce n'est pas dire à l'enfant : « Débrouille-toi, fais et mange ce que tu veux », car ce n'est rassurant ni pour l'enfant, qui en éprouverait au contraire de l'insécurité, ni pour le parent qui se percevrait comme totalement désinvesti de son rôle parental. Lâcher prise est une notion complexe de prise de conscience de soi dans son environnement pour prendre de la distance avec les événements de la vie, et arbitrer sereinement entre des règles trop rigides et un manque de règles. La mise en place de limites et de règles équilibrées permettra à l'enfant de grandir et de faire des choix en toute tranquillité.

Les outils de PsychoEnfants

La *finger food*

C'est la nouvelle tendance en matière d'alimentation. Cela consiste à réaliser un repas que l'on mange uniquement avec les mains, un peu comme dans les restaurants rapides américains. Brochettes, frites de légumes… amusez-vous et laissez les couverts au placard pour une fois. Vous passerez un bon moment en famille, les enfants adoreront, et à la fin du repas vous comprendrez que ce n'est pas grave de manger avec les doigts même si on s'en met un peu partout !

La délégation

Pour vous aider à lâcher prise, établissez un jeu avec votre enfant qui vous permettra de vous libérer. Aujourd'hui, vous nommez votre enfant gérant du repas, tandis que son père, sa grand-mère ou sa tante se fait nommer cogérant. Ainsi, c'est votre enfant qui organisera le repas, mettra la table et confectionnera le menu à l'aide de son cogérant. Plus vous désinvestirez le repas, plus votre enfant prendra confiance en lui et en ses capacités ! Et pas de triche : interdiction d'aller dans la cuisine voir ce qui s'y passe ; votre enfant vous appellera quand il sera l'heure de manger !

Pique-nique

Organisez un pique-nique ou allez goûter dehors avec les enfants. Cela permettra de vous éloigner de la maison et donc du cadre intérieur. Dans le même temps, cela résout la question de la propreté. Le but est de constater que les enfants évoluent tout aussi bien dans un cadre non aseptisé et moins rigide…

Tour à tour gagnant

Voici le jeu : à midi, l'enfant met le couvert et c'est vous qui débarrassez. Demain soir, il sort les desserts du réfrigérateur et vous apportez les plats. De cette façon, vous laissez faire votre enfant sans le juger, et le rendez responsable de ses actes. Commencez toujours votre phrase par : « C'est toi qui... », et laissez votre enfant en faire de même. « Maman, c'est toi qui vas mettre la table aujourd'hui. » Pour que le jeu fonctionne, promettez que si c'est mal fait, ou pas fait comme vous l'espériez, vous ne critiquerez pas et accepterez les choix de votre enfant. En contrepartie, votre enfant promettra de s'appliquer.

■ Le pot des obsessions

Avec votre enfant, établissez une liste des petites manies dont vous aimeriez bien vous débarrasser et celles qui dérangent votre enfant. Inscrivez-les sur l'étiquette d'un pot à confiture « Pot des obsessions ». Les autres membres de la famille peuvent également participer. Cela permet à la maman d'ouvrir les yeux sur ses manies et à l'enfant de s'exprimer. À côté de chaque point, inscrivez-y une petite somme. Par exemple : « Je crie si tout le monde n'est pas à table à 19 h tapantes = 50 cts. » Si vous enfreignez la liste, vous devez mettre une pièce dans le pot. L'argent récolté servira bien entendu à une sortie au restaurant, là ou vous n'avez pas de contrôle sur les plats servis.

■ La roulette des repas

Fabriquez une roulette avec votre enfant. Découpez dans du carton un grand cercle que vous séparez en camemberts. Dans un autre morceau, découpez une flèche et fixez-la au centre du cercle à l'aide d'une attache parisienne. Sur chaque part, inscrivez : légumes, fromages ou yaourt, viande, poisson... Coloriez en jaune les aliments qui correspondent au dessert et en rouge les ceux qui correspondent au plat. Ensuite, l'enfant fera tourner la roulette jusqu'à établir la constitution du repas (poisson, pâtes, fruits...). À vous d'adapter les menus à ce que vous dicte la roulette. Ce jeu permet de lâcher prise sur la composition des repas en s'en remettant à une roulette. Quant à l'enfant, il prendra un malin plaisir à faire tourner l'engin.

Mon enfant ne veut plus boire d'eau

Chapitre 15

« Pierre, mon fils de 5 ans, réclame sans arrêt des boissons du type sodas ou jus de fruits. Il dit ne pas aimer l'eau, car il trouve son goût fade. Je sais que ces boissons sont sucrées, mais j'ai peur de les lui refuser et je crains qu'il refuse de s'hydrater tant il est têtu. »

Il y a fort à parier que Pierre est un petit garçon qui n'aime pas plus les yaourts nature que l'eau. La raison est simple : ses parents l'ont sûrement habitué aux goûts sucrés ou aromatisés si bien qu'il trouve les aliments nature, dont l'eau, bien fades. Il est donc important pour la santé de cet enfant de le sevrer progressivement des goûts sucrés.

Voyons en quoi les boissons sucrées peuvent être addictives, et nous donnerons quelques conseils pour que Pierre arrive à boire de l'eau. Enfin, nous ferons le tour de ces boissons : jus de fruits, eaux aromatisées, sirops, sodas light… qu'il est nécessaire de consommer modérément.

Boire de l'eau, une question d'habitude

Si les enfants sont naturellement attirés par les aliments gras et sucrés et les féculents, ce n'est pourtant pas le cas en ce qui concerne les boissons sucrées. Un enfant peut boire de l'eau et rien d'autre, tant que les parents ne lui proposent pas de boissons sucrées. Habitué à ces boissons dont l'arôme lui est plus plaisant, l'enfant vient à les préférer à l'eau. Donc, si vous hésitez à donner des boissons sucrées à votre enfant, sachez qu'une seule boisson lui est indispensable, c'est l'eau. En revanche, lorsqu'un enfant souffre de déshydratation, à cause d'une diarrhée par exemple, le mieux est de lui servir une eau légèrement sucrée et contenant des sels minéraux.

Les besoins moyens en eau d'un enfant sont approximativement d'un litre d'eau par jour (en prenant en compte l'eau contenue dans les aliments) pour les bébés de 0 à 1 an, puis de 1,7 litres pour les enfants âgés de 2 à 6 ans.

La plupart du temps, les parents proposent des boissons sucrées à leurs enfants à l'occasion de fêtes, des anniversaires, des apéritifs ou bien le matin au petit-déjeuner. Les mauvaises habitudes se prenant vite, l'on voit dans certaines familles une bouteille de soda remplacer la bouteille d'eau sur la table. Le jus de fruits du matin semble pour beaucoup de parents un apport non négligeable de vitamines C. Malheureusement, il s'avère que les jus de fruits vendus tout préparés sont enrichis en vitamines synthétiques mais assez pauvres en vitamines naturelles. Pressez quelques oranges fraîches de temps en temps si vous voulez un vrai bénéfice en vitamines.

Les aliments boissons

Tous les aliments contiennent de l'eau en quantité plus ou moins importante. C'est notamment le cas des légumes, des fruits, des yaourts... Il faut donc considérer que cet apport d'eau intervient dans l'équilibre hydrique de l'enfant. Quant au lait, quelle que soit sa présentation, il participe à l'hydratation de l'enfant. Rappelons toutefois qu'il s'agit avant tout d'une boisson énergétique qui contient des protéines. Sachez aussi qu'un biberon de lait donné au petit enfant avant de le coucher n'a pas vocation à l'hydrater comme le ferait de l'eau.

Les sodas

Boire un soda n'est particulièrement pas recommandé aux enfants. Pourquoi leur donner à boire des sodas saturés en sucre ou en aspartame, alors que notre alimentation est déjà suffisamment riche et qu'elle ne manque pas de sucre ? Sachez aussi qu'il y a dans les sodas de la caféine, de la taurine et du guarana, composants tout aussi impropres à l'enfant que le sucre. Et si le ketchup aide l'enfant à manger des haricots verts, les sodas ne sont en revanche d'aucune utilité.

Et n'oubliez pas que vous donnez toujours l'exemple. De même que les enfants dont les parents boivent de l'alcool sont tentés par l'alcool, les enfants dont les parents boivent des sodas sont évidemment tentés par les sodas.

Les boissons sucrées doivent rester des boissons dites de plaisir et être consommées à petites doses donc. Une personne qui diluerait pour moitié le coca avec de l'eau gazeuse ferait l'économie de plus de deux morceaux de sucre pour chaque verre. Cette méthode pourrait déshabituer un enfant des boissons sucrées. Le mieux, bien sûr, est de supprimer complètement la tentation, et c'est un véritable objectif auquel doit participer toute la famille.

Principe de la boisson récompense

Des recherches démontrent que si l'on récompense un enfant pour avoir bu une boisson, son attrait pour cette boisson diminue. Si on lui présente une boisson promesse de récompense particulière, le goût des enfants pour la boisson augmente.

Les sirops et jus de fruits

Contrairement aux idées reçues, un verre de sirop à l'eau contient la même quantité de sucre que 200 ml de soda ou qu'un verre de jus de fruits. Seul le type de sucre diffère. Ainsi, les sodas et le sirop renferment du saccharose (sucre blanc de table), alors que le jus de fruits contient un peu de saccharose mais beaucoup de fructose (sucre présent naturellement dans les fruits). Au final, tous ont la même valeur énergétique et apportent un surplus de sucre à un repas ou un goûter déjà riche en sucre. Néanmoins, le fructose présent dans les jus de fruits s'assimile plus lentement et plus facilement, et reste donc meilleur.

S'il est difficile d'interdire ces boissons, ce qui aurait pour inconvénient de tenter votre enfant, expliquez-lui plutôt pourquoi le produit est nocif, et comment il peut s'en passer sans se priver de sucre. Par exemple, dites-lui que s'il prend un verre de jus de raisin au déjeuner, il n'aura pas de fruit ou de crème dessert, car cela doublerait la dose de sucre. Au goûter, une brique de jus de fruits de 200 ml équivaut à 24 g de sucre, soit cinq morceaux de sucre. Le nombre croissant de diabétiques doit nous alerter sur la manière dont nous nous alimentons. À coup sûr, le sucre en est la cause, qu'il soit bu ou mangé. Il ne s'agit pas de priver l'enfant de boire un jus de fruits, mais faites attention au côté exceptionnel de sa consommation.

Consommation de boissons sucrées chez les enfants

Tirons des leçons des erreurs commises par les Américains dont la consommation de boissons sucrées a augmenté de 50 % en 5 ans, avec une hausse de l'obésité infantile... Des chercheurs ont calculé que si les boissons sucrées bues par les enfants américains étaient remplacées par de l'eau, l'apport énergétique serait diminué de 235 calories par jour. Une enquête menée en 2003-2004 chez de jeunes Américains de 2 à 19 ans conclut que 90 % d'entre eux boivent tous les jours des boissons sucrées (sodas, jus de fruits, thé sucré...) dont les quantités caloriques représentent plus de 10 % de leur apport quotidien.

Vers un trop plein de sucre

Supprimer ou limiter la consommation de boissons sucrées est en fait la question essentielle. La supprimer complètement, comme on l'a vu, serait malvenu. La limiter est incontestablement plus sage. Il existe des cannettes de 15 cl qui sont équivalentes à un petit verre et donnent à l'enfant l'impression d'avoir bu une cannette entière. Vous pouvez également utiliser un petit verre à thé à la menthe et le remplir de soda. Il n'éprouvera ainsi aucun sentiment de frustration. En revanche, sachez que donner une cannette de 33 cl de soda à un enfant de moins de 10 ans reviendrait à lui faire boire 35 g de sucre, soit l'équivalent de 70 g de pain. Comment cet enfant pourrait-il avoir encore faim après un tel régime sucré ?!

Y a-t-il une dépendance au sucre ?

Le docteur David Benton, chercheur à l'université de Swansea au Royaume-Uni, a démontré qu'aucune étude réalisée sur l'homme ne valide l'hypothèse d'une dépendance au sucre. Après analyse des données scientifiques, il a conclu que le sucre n'entraînait pas le développement de tolérance, c'est-à-dire qu'un individu ne manifeste aucun symptôme psychique ou physique lorsqu'il arrête sa consommation de sucre. Pour le docteur Benton, le problème vient de notre façon de boire et de manger plus que nécessaire. Selon lui, l'homme a tendance à se jeter sur des aliments au goût agréable, et riches en énergie (gras et sucrés) pour soulager un stress ou une angoisse. « *Nous aimons le sucre parce que nous avons besoin d'énergie. Acquise* in utero, *l'appétence*

.../...

pour le sucré a en effet une fonction biologique essentielle : nous inciter à consommer une source rapide d'énergie pour notre organisme », surenchérit-il.

▪ Source : Benton D., 2010, « The plausibility of sugar addiction and its role in obesity and eating disorders », *Clinical Nutrition Journal*, vol. 29, p. 288-303.

■ Faut-il opter pour des boissons édulcorées ?

Certains parents pensent bien faire en donnant à leurs enfants des boissons édulcorées, à l'aspartame. C'est une double mauvaise idée. L'aspartame n'est pas une molécule chimique recommandée pour les enfants et ce type de produit augmente la recherche de sucre. En effet, puisqu'il n'est pas calorique, le parent va avoir tendance à servir sans limites des boissons light à son enfant en pensant : « ce n'est pas grave puisque de toute façon c'est comme de l'eau, il y a zéro calorie. » Sauf que les boissons light ne sont pas de l'eau. Il en est de même pour toutes les eaux aromatisées industriellement, car elles sont toutes sucrées avec des édulcorants. De plus, vous habituez votre enfant à la saveur sucrée.

Quelques chiffres

– 68 % des Français déclarent consommer des boissons sucrées dans leur version light ;

– 6 % des apports en sucre sont apportés aux enfants par les boissons rafraîchissantes sans alcool (colas, limonades, boissons aux fruits, thés glacés...).

Source : Credoc, enquête Comportements et consommations alimentaires en France, 2007 ; Baromètre édulcorants, étude Ifop réalisée sur Internet du 16 au 18 mars 2009 auprès d'un échantillon représentatif de 1000 personnes âgées de 15 ans et plus.

La régulation de la soif chez l'enfant

Comme pour la faim, l'enfant ressent la soif de manière particulièrement urgente. Par exemple, s'il joue, un enfant peut attendre avant de réclamer à boire, car il peut avoir du mal à repérer les signaux de soif. Puis, soudain, dans l'urgence, il va vouloir boire. C'est pour cette raison qu'il est conseillé aux parents d'avoir toujours une bouteille d'eau avec eux. On ne peut pas lui dire comme pour un adulte : « Tu n'as qu'à attendre une petite demi-heure, tu boiras à la maison. » Non, on ne peut pas raisonner un enfant quand il a soif, il doit boire immédiatement, car son corps a besoin d'être hydraté sur le champ.

En ce qui concerne le fait de boire pendant les repas, il est vrai qu'on a pu dire que cela faisait gonfler les aliments dans le ventre, et que cela coupait l'appétit. Mais il est important de savoir qu'en dehors de quatre repas quotidiens, l'enfant a peu l'occasion de boire, alors mieux vaux le laisser boire pendant les repas, et n'hésitez pas à lui tendre un verre d'eau quelle que soit l'heure. Il peut refuser, mais votre proposition le rassure, il sait qu'il peut boire. On a aussi vu des parents qui, sous prétexte que leur enfant n'est pas encore propre et fait pipi au lit la nuit, empêchent leur enfant de boire après le dîner ou ne lui laissent pas de gourde à côté du lit. Pourtant, la nuit, l'enfant peut justement demander à boire de l'eau, et l'en priver ne réglera en aucune façon le problème de propreté.

Les outils de PsychoEnfants

La potion magique

Si votre enfant trouve l'eau trop fade, il existe différentes recettes pour l'aromatiser sans ajouter de sucre : quelques gouttes de jus de citron ou d'orange, des feuilles de menthe, de l'antésite à base de réglisse mélangé à des extraits naturels de menthe, d'anis, de cola ; autant de saveurs qui permettront à votre enfant de boire de l'eau avec plaisir.

La fermeté

Lorsque votre enfant vous demande à boire, servez-lui de l'eau. Il refusera probablement de boire son verre et boudera. Mais si vous ne cédez pas et lorsque la soif se fera vraiment sentir, il boira son verre d'eau sans rechigner. Les boissons sucrées ne doivent être réservées qu'aux moments de fête. Cependant, il ne faut pas totalement priver un enfant de ces boissons dites de plaisir, au risque de créer des frustrations.

À petite dose

Pour déshabituer votre enfant aux boissons sucrées, vous pouvez commencer à mélanger ses jus de fruits à de l'eau, et augmenter progressivement la dilution de ses sirops. Plutôt que de lui donner des sodas, optez plutôt pour de l'eau gazeuse associée à un sirop peu sucré. L'enfant reconnaîtra l'aspect pétillant de cette boisson sans avoir à en supporter le trop-plein de glucides.

La régulation

Prévenez votre enfant que, désormais, il n'aura le droit qu'à un verre de boisson sucrée par jour, un jus de fruits ou une eau aromatisé au sirop, à lui de choisir le moment où il souhaite le déguster. Au petit-déjeuner, au goûter, peu importe... Vous limitez ainsi sa consommation sans le frustrer en lui laissant le loisir de faire ses propres choix.

Pour conclure

Comme l'affirmait Françoise Dolto dans *Les Chemins de l'éducation*, « *être parent demande de la patience, de la rigueur, du bon sens, de l'humour et de la confiance en soi* ». La question des repas, comme on l'a vu, n'échappe pas à ces principes. Il faut de la patience, parce que chaque enfant n'évolue pas de la même façon, parce que certains n'accepteront que le sein tandis que d'autres ne voudront jamais boire que des biberons. De la rigueur, parce qu'il existe des principes (le contrôle du grignotage par exemple) et des habitudes (l'heure des repas à fixer clairement) qui doivent êtres posés dès le départ et maintenus au fil des années, malgré les frustrations engendrées : rappelons-le, le devoir d'un parent est d'aimer son enfant, de lui donner ce qu'il y a de meilleur, bien plus que de chercher à tout prix son amour. Du bon sens, parce que chaque enfant fonctionne naturellement selon un principe de satisfaction immédiat et qu'il convient parfois de parler simplement avec lui, sans crier, pour le voir adopter de vrais réflexes alimentaires ou gagner en autonomie. De l'humour, parce qu'en prenant de temps en temps du recul sur une situation donnée, que l'on juge problématique, il devient possible de changer une attitude opposante en un comportement souhaité, synonyme de plaisir. Enfin, de la confiance en soi, parce que si tous les parents redoutent naturellement de mal faire, de mal agir, il est impératif d'apprendre à relativiser ses craintes et ses doutes pour ne pas polluer le moment du repas. N'est-ce pas la confiance en soi qui offre la possibilité d'exercer avec assurance ce que Françoise Dolto appelait « *notre métier de parent* » ?

Bibliographie

- AUBONNET-CAUPIN Sylvie et PAOLI Richard, *Mieux manger avec nos enfants*, Albin Michel, 2005.
- BOUCHET Henri et VIÉ Blandine, *Premiers repas de bébé*, Marabout, 2010.
- LAMBERT-LAGACÉ Louise, *Comment nourrir son enfant : du lait maternel au repas complet*, Éditions de l'Homme, 2003.
- MOUREN Marie-Christine, DOYEN Catherine, LE HEUZEY Marie-France, COOK-DARZENS Solange, *Troubles du comportement alimentaire de l'enfant : du nourrisson au pré-adolescent*, Elsevier Masson, 2011.
- SAAB Vanessa et MEMLOUK William, *Mon bébé refuse de manger*, Jouvence, 2010.
- SIROLLI Laëtitia, *Les troubles du comportement alimentaire : de la naissance à l'adolescence*, Eyrolles, 2006.
- THAREAU-DUPIRE Marie-Claire, *Comment donner à son enfant le goût d'une alimentation équilibrée*, Leduc Éditions, 2010.

conception
réalisation
mise en page
44405 Rezé cedex

Certifié PEFC
Ce produit est issu de forêts gérées durablement et de sources contrôlées.
PEFC
10-31-2007
pefc-france.org

Achevé d'imprimer : EMD S.A.S.
N° d'éditeur : 4398 - N° d'imprimeur : 26300
Dépôt légal : mars 2012
Imprimé en France

Cet ouvrage est imprimé - pour l'intérieur - sur papier Lys Galilée 120 g des papeteries M.REAL, dont les usines ont obtenu la certification environnementale ISO 14001 et opèrent conformément aux normes ECF et EMAS